計画・設計のポイントがわかる
実践電気設備

加藤義正 著

森北出版株式会社

● 本書の補足情報・正誤表を公開する場合があります．当社 Web サイト（下記）で本書を検索し，書籍ページをご確認ください．
https://www.morikita.co.jp/

● 本書の内容に関するご質問は下記のメールアドレスまでお願いします．なお，電話でのご質問には応じかねますので，あらかじめご了承ください．
editor@morikita.co.jp

● 本書により得られた情報の使用から生じるいかなる損害についても，当社および本書の著者は責任を負わないものとします．

JCOPY 〈(一社)出版者著作権管理機構 委託出版物〉
本書の無断複製は，著作権法上での例外を除き禁じられています．複製される場合は，そのつど事前に上記機構（電話 03-5244-5088, FAX 03-5244-5089, e-mail: info@jcopy.or.jp）の許諾を得てください．

まえがき

「原子力から電球まで」とよくいわれるように，われわれの毎日の生活に欠かせない電気の応用分野は非常に広範囲にわたっている．本書ではその応用分野のうち，主に建設物などの施設に設置される電気設備を中心に，具体的な数値を用いた実践的な例題をとり上げ，その解答に至るプロセスを中心にわかりやすく解説をした．

およそあらゆる分野で共通のことと思われるが，まったくの初心者がその分野の技術をマスターし，一人前になるには，解説書を漠然と読むだけでプロの領域にまで上達することはほとんど不可能である．たとえば，車の運転の場合，教習所などで一定のルールを学習した後に，実際にハンドルを握り，アクセルやブレーキを操作することを繰り返し練習することによって，はじめて一人前のドライバーとなり得るのであって，机上の読書のみで車の運転を会得することは不可能といえる．

本書は，電気設備の計画や設計の技法の実務が修得できるように，具体的な例題をとり上げ，計画や設計などを進めていく過程をくり返し習得することにより，初心者でも効果的にその技法をマスターできることを目標としている．

施工会社や設計事務所などの企業や公共団体などで電気設備の分野を担当される方々はもちろん，電気工学や設備工学系の学生諸氏の演習用テキストとして最適であると考えている．

 2006 年 11 月

著　者

目　　次

第0章　はじめに

0.1　電気設備の目的と利用形態　*1*
0.2　各章のあらまし　*2*

第1章　受変電設備

1.1　受変電設備計画のポイント　*12*
1.2　受変電設備の計画の手順　*12*
1.3　新設時の受変電設備の計画　*13*
1.4　受変電設備の計画・設計例　*14*
1.5　実負荷による受変電設備の計画　*24*
1.6　単線結線図の作成　*25*
1.7　受変電設備のレイアウト　*29*
1.8　この章のまとめ　*31*

第2章　自家発電設備

2.1　自家発電設備の計画のポイント　*34*
2.2　自家発電設備の計画の手順　*35*
2.3　発電機容量の計算例　*38*
2.4　補機類および発電機室　*46*
2.5　自家発電設備のレイアウト　*48*

第3章　蓄電池設備

3.1　蓄電池設備の計画上のポイント　*52*
3.2　蓄電池設備計画の手順　*54*
3.3　容量計算　*55*

3.4　蓄電池容量の計算例　*56*
3.5　蓄電池設備回路図例　*61*
3.6　充電器　*61*
3.7　機器の収納と設置　*62*

第 4 章　幹線設備

4.1　幹線計画のポイント　*63*
4.2　幹線設備計画の手順　*67*
4.3　幹線計画　*67*
4.4　幹線の計算例　*73*
4.5　幹線系統図の作成　*75*

第 5 章　動力設備

5.1　動力設備計画のポイント　*77*
5.2　動力負荷の種類　*77*
5.3　動力設備計画の手順　*77*
5.4　電動機の始動装置　*78*
5.5　分岐回路の配線，過電流遮断器　*80*
5.6　動力制御盤図　*82*
5.7　動力設備の設計例　*84*

第 6 章　照明・コンセント設備

6.1　照明計画のポイント　*87*
6.2　照度計算の手順　*87*
6.3　照明計算例　*91*
6.4　逐点法による照度の計算　*97*
6.5　快適な照明　*98*
6.6　コンセント設備　*99*

第 7 章　テレビ共同受信設備

7.1　テレビ共同受信設備計画のポイント　*103*
7.2　テレビ共同受信設備計画の手順　*103*
7.3　電界レベルの計算例　*104*

第8章　電話設備

8.1　電話設備計画のポイント　*110*
8.2　電話設備計画の手順　*111*
8.3　建物内の電話設備の概要　*111*
8.4　配線路としての管路などの計画　*113*
8.5　電話配管系統図　*117*

第9章　放送設備

9.1　放送設備計画のポイント　*120*
9.2　放送設備計画の手順　*120*
9.3　放送設備の概要　*120*
9.4　放送設備の平面図および系統図の作成　*127*

第10章　自動火災報知設備

10.1　自動火災報知設備計画のポイント　*131*
10.2　計画の手順　*131*
10.3　計画上の留意点　*131*
10.4　平面図および系統図の作成　*136*

第11章　エレベータ設備

11.1　エレベータ設備計画上のポイント　*143*
11.2　エレベータの仕様，台数の計画の手順　*143*
11.3　エレベータの設置台数の算定に必要な基本事項　*144*
11.4　建物用途別のエレベータサービス水準　*147*
11.5　エレベータ交通計算例　*147*

第12章　電気設備の耐震対策

12.1　耐震対策計画のポイント　*151*
12.2　設計の手順　*151*
12.3　設計用震度　*152*
12.4　設計用地震力　*152*
12.5　アンカーボルトの選定　*153*
12.6　アンカーボルト強度計算例　*154*

第13章　故障計算

13.1　短絡電流計算のポイント　*157*
13.2　パーセントインピーダンス法　*158*
13.3　短絡電流計算の手順　*160*
13.4　短絡電流の計算例　*161*
13.5　対称座標法　*166*
13.6　1線地絡電流の計算例　*168*

索　引　*170*

略号・記号表

記号	内容	ページ
∈(25)	薄鋼電線管 (25) の空配管	115
∈(CD16)	CD 管 (16) の空配管	115
$\%Z_T$	変圧器のパーセントインピーダンス	21, 161, 165
$\%Z_{T2}$	単相変圧器のパーセントインピーダンス	21
$\%Z_{T3}$	三相変圧器のパーセントインピーダンス	21
$\%Z_{TB}$	基準容量ベースにおける変圧器のパーセントインピーダンス	21
$\%Z_{T2B}$	基準容量ベースにおける単相変圧器のパーセントインピーダンス	21
$\%Z_{T2B(3\phi)}$	単相変圧器の等価三相パーセントインピーダンス	22
$\%Z_0$	電源のパーセントインピーダンス	161
$\%Z_S$	合成パーセントインピーダンス	161, 165
1ϕTR	単相変圧器	20
3ϕTR	三相変圧器	20
AMH	アルカリ蓄電池ポケット式	51, 55
AMP	増幅器	120
AS	気中開閉器	25
CB	高圧交流遮断器	27
cc	5 分間輸送力（5 分間輸送人員）	144
C_p	原動機出力補正係数	38
CT	変流器	23
CV	600 V 架橋ポリエチレン絶縁ビニルシースケーブル	71
CVCF	定電圧定周波数電源装置	41
DGR	方向性地絡継電器	26
E_B	基準相電圧	159
E_h	水平面照度	98
E_n	法線照度	98
EM-CE	600 V 架橋ポリエチレン絶縁耐燃性ポリエチレンシースケーブル	71
EM-EE	600 V ポリエチレン絶縁耐燃性ポリエチレンシースケーブル	71
EM-IE	600 V 耐燃性ポリエチレン絶縁電線	71
EMS-7C-FB	衛星放送受信屋内発泡ポリエチレン絶縁ビニルシース同軸ケーブル	104
EPS	電気設備用シャフト	11, 118
F	フィルタ	83
F	全予想停止数	144
F_H	設計用水平地震力	154
$G(n, r)$	予想停止数	144
F_v	設計用鉛直地震力	153

略号・記号表（つづき）

記　号	内　　容	ページ
G_A	アンテナ利得	106
G_{AMP}	増幅器利得	106
GR	地絡継電器	26
HH	ハンドホール	119
HIV	600V2種ビニル絶縁電線	125
HS	鉛急放電型蓄電池	57
I_0	零相電流	166
I_1	正相電流	166
I_2	逆相電流	166
I_{2s}	線間短絡電流	158
I_{3s}	三相短絡電流	158
I_B	基準電流	159
I_S	短絡電流	165
I_{SS}	非対称短絡電流	161
IDF	中間端子盤	118
INV	インバータ	83
IV	600Vビニル絶縁電線	71
K	容量換算時間（蓄電池）	55
K_H	設計用水平震度	152
K_s	設計用標準震度	152
K_v	設計用鉛直震度	152
LBS	高圧交流負荷開閉器	29
MCCB	配線用遮断器	23, 97
MDF	主配線盤	113
MgS	電磁接触器	61
P_{3s}	三相短絡容量	159
PAS	高圧気中開閉器	26
PBX	構内交換機	7,112
PC	高圧カットアウトスイッチ	27, 29
PF	電力ヒューズ	29
R_a	平均演色評価数	99
RG	発電機出力係数	37
RE_1	定常負荷出力係数（原動機）	37
RE_2	許容回転数変動出力係数（原動機）	37
RE_3	許容最大出力係数（原動機）	37

略号・記号表（つづき）

記号	内容	ページ
RG_1	定常負荷出力係数（発電機）	37
RG_2	許容電圧降下出力係数（発電機）	37
RG_3	短時間過電流耐力出力係数（発電機）	37
RG_4	許容逆相電流出力係数（発電機）	37
RTT	一周時間（エレベータ）	144
SBA	蓄電池工業会規格	55
SC	進相コンデンサ	29
SR	直列リアクトル	29
U	室指数	89
UGS	地中線引込用ガス開閉器	26
V_B	基準線間電圧	159
VV	600 V ビニル絶縁ビニルシースケーブル	71
V_0	零相電圧	166
V_1	正相電圧	166
V_2	逆相電圧	166
Y-Δ 始動	スター・デルタ始動	41
Z_B	基準インピーダンス	158
Z'_m	負荷始動時のインピーダンス	40

第 0 章　はじめに

0.1　電気設備の目的と利用形態

0.1.1　目　的

電気設備とは，物理的な電気エネルギーを光，熱，音や電磁誘導による力学的な力を生じさせ，あるいは信号の形で利用する応用技術である．

つまり，われわれの日常生活や生産活動，社会活動における居住空間，作業環境をより快適に整えることとともに，効率的に迅速に，経済的にしかも安全に諸活動の目的を達することができる手段といえるだろう．

0.1.2　利用形態

それでは具体的に電気エネルギーをどのような手段で利用に役立てているのであろうか．その応用面を分類すると表 0.1 のようになる．

表 0.1　電気エネルギーの利用形態

電気エネルギーの発生（需要家側からの立場の場合）	自家用発電機設備や直流電源設備として，商用電源（電力会社から供給される日常の電源）の補完の役目を果たす．
電気エネルギーの変成	受変電設備として，特別高圧や普通高圧の電力を需要家側で利用しやすい低圧の電力に変成する設備．
電気エネルギーの伝送	幹線設備として，受変電設備の設置場所より照明用の分電盤や動力負荷が集中する場所に設ける動力盤まで大容量の電力を伝送できるケーブルや電線など．
動力源として利用する場合	動力設備として給水や排水，空調換気，エレベータ，エスカレータ，立体駐車場，消火設備などの運転・制御を行う設備．
光や熱などに利用する場合	照明設備として光源に白熱灯，蛍光灯，HID (high-intensity discharge) 灯を使用する場合や電熱設備として工場やビルの暖房，ロードヒータとして設置される場合や，音としての現象として応用される放送設備やオーディオ設備．
信号やコード化して利用する場合	OA (Office Automation) による事務処理能力の向上，FA (Factory Automation) による生産品の品質の均一化，高速化，安全性，経済性の向上，BA (Building Automation) によるビル管理能力の改善，温湿度，気流，CO_2 濃度，照度などの居住環境の監視・制御，防犯・防災面での安全性の向上，さらに省エネ化省力化など情報・通信機能の高度化による波及効果としてビルや施設のマネジメント機能の向上．

0.2　各章のあらまし

　一般の公共施設や商業用建物の構内において，その目的や機能を果たすために必要不可欠な設備の一つとして，電気設備をあげることができる．
　ここでは，それぞれの章のポイントをわかりやすく説明する．

第 1 章　受変電設備

　ビルや施設の規模に比例して受変電設備の容量は大きくなる．新設の場合は過去の実績のデータから，その施設の単位面積あたりの負荷密度を照明用，一般動力用，空調動力用などごとに求め，変圧器容量を算定する（1.4 節）．実際の負荷容量が機器ごとに明示される場合は，実負荷より変圧器容量を求めることができる（1.5 節）．変圧器容量の総合計により，受変電設備の計画設計を行うことができる．

　この章では，受変電設備のシステム設計と機器のレイアウトを中心に説明しているが，保護装置の定格を定めるため，故障電流を算出する内容については 13 章「故障計算」も参照していただきたい．

(1) 受電方式の決定
　負荷設備の電力供給信頼度の要求度や予算などを考慮して，電力会社と協議し，1 回線受電方式とするか，2 回線受電方式か，またはスポットネットワーク受電方式などにするかを定める（図 1.1 の受変電設備の計画の手順を参照）．

(2) 事故時の故障電流の想定
　受変電設備の各箇所で短絡（ショート）や地絡事故（漏電）が発生した場合，事故電流値を求める（1.4.4 項）．

(3) 保護協調方式の検討
　電気事故を瞬時に収束させるために，遮断器や保護継電器の組合せの構成，機器の仕様等を決定し，短絡や地絡の事故点が除去され，事故による停電を限定させる方式とする（1.6.2 項）．

(4) SC（高圧進相コンデンサ）や SR（直列リアクトル）の決定
　電圧変動や高調波に対する配慮や，電圧と電流の位相差を少なくし，有効電力を多くするための力率改善用進相コンデンサの台数や容量を選定する（1.4.3 項）．

(5) 単線結線図の作成
　主要機器の仕様と台数を定め，受電方式，保護協調方式，負荷への電源供給の幹線方式などを考慮し，単線結線図として表現する（1.6 節）．

(6) 受変電設備機器の設置場所のレイアウト（1.7節）

　屋上に設置するのか，地下の電気室内に設置するのかなどは，計画の当初より建築設計者と必要なスペースや荷重などを含めて打ち合わせ，確認しておくことが必要である．

第2章　自家発電設備

　自家発電設備は，商用電源（電力会社から供給される電力）が計画停電や配電線の事故で途絶えた場合，法令上必要な設備のほか，施設やビル内の必要最小限の照明や給水ポンプなどを稼動させるために設置される．「建築基準法」（以下，建基法と略す）や「消防法」で定める防災負荷へ供給する電源として，"予備電源"や"非常電源"が定められているが，これは消防庁告示（昭和63年8月1日付，平成元年10月6日一部改正の消防庁第100号）により機器容量の算定方式が規定されている．なお，電力負荷のピークカット用やコージェネレーション用に設置されることもある．

　この章では，発電機と原動機の法令で定める容量算出の計算法（2.2，2.3節）と，これら本体と付属機器の配置計画（2.4，2.5節）が中心となる．

(1) 法的に必要な負荷と保安上必要な負荷

　建基法の予備電源が必要な負荷は，非常用照明，排煙設備，非常用エレベータなどであり，消防法上の非常電源が必要な負荷には，屋内消火栓，スプリンクラ設備などの消火設備，非常コンセント，誘導灯などがある．また，保安上停電時に電源が必要な負荷としては，たとえば給水ポンプ，排水ポンプ，非常用照明以外の一般照明の一部などがある（2.1.1項）．

(2) 発電機を駆動する原動機の選定と設置場所

　原動機の種類によりそれぞれ長所短所がある．ガスタービン機関は地下の機械室には不向きであるが，ディーゼル機関に比べ，公害や冷却水が不要である点では有利である．

・ディーゼル機関：重量・寸法大，燃料消費量小，燃焼空気小，振動大，NO_x 大
・ガスタービン機関：重量・寸法はディーゼルに比べ小，燃料消費量大，燃焼空気大，振動小，NO_x 小（2.1.2項）

─ 第3章　蓄電池設備 ─

　直流電源装置ともいわれ,「建基法」や「消防法」などに規定される予備電源や非常電源として使用されるほか，監視制御・表示灯，通信機器用，受変電設備の遮断器などの操作用やUPS（無停電電源装置），保安照明などに採用される．発電機のように駆動部分がなく，瞬時に電気を供給できる点が特徴である．建物などに設置される蓄電池設備は，兼用型が多いため，負荷パターンが時間とともに変化するが，この章で例題として取り上げ，くわしく説明する．

(1) 鉛蓄電池とアルカリ蓄電池の特性

　アルカリ蓄電池は鉛蓄電池に比べて耐久性に優れ，寿命が長いが，経済性の面からビル施設用としては一般に鉛蓄電池が使用される例が多い（3.1.2項）．

(2) 蓄電池容量の算出

　用途を兼用型とする蓄電池設備の場合，それぞれの負荷電流の大きさと，必要な供給時間から負荷パターン（時間経過に対しての負荷電流の大きさ）を定め，(社)蓄電池工業会規格 SBA6001「据置蓄電池の容量計算法」により算出する（3.3, 3.4節）．

─ 第4章　幹線設備 ─

　幹線の材料としては許容電流が大きい（電流を多く流すことができる）材質で，施工性がよく，電気的特性や安全性にすぐれ，しかも増改修などの変更工事に容易に対応できる材料が好ましい．ケーブル（ケーブルラック上に布設），絶縁電線（電線管内に収容），バスダクト工事などがあるが，施工性や将来の変更工事に容易に対応できるケーブルを幹線材料として採用する例が多い．幹線材料の選定が決まると以下のように，幹線の太さを決定し，複数の幹線を系統図として図面化するとわかりやすい．この章では，幹線計画の一連の流れを平易に説明する．

(1) 幹線の太さ（サイズ）の選定

　幹線サイズは，その幹線の許容電流や幹線の長さによる電圧降下の限度，電気設備技術基準で規定している幹線の事故時に対する保護方法，幹線から別の幹線を分岐する場合の規定などにより決定する（4.1，4.3節）．

(2) 幹線系統図

　幹線系統図は，受変電設備の低圧配電盤より施設やビル内に分散して設置してある照明用分電盤や，ファン，ポンプなどの動力に電源を供給したり，それらを制御する動力制御盤まで電力を供給する幹線を系統ごとに一枚の図面にまとめた

ものである．受変電設備の単線結線図と同様，大電流の電力を供給する流れを一目で理解できる重要な図である（4.5節）．

第5章　動力設備

施設内の給排水ポンプや空調機，冷凍機，給排気ファン，昇降機など（これらを動力負荷設備という）の動力源としての電動機に電力を供給し，それらを制御，保護する動力制御盤と，それ以降の各電動機に至る配線より構成されるのが動力設備である．

(1) 分岐回路

低圧屋内幹線（4章の幹線設備のうち低圧で使用するもの）から分岐して，電動機などの動力負荷設備に至る分岐回路は，低圧幹線の過電流遮断器の施設（電技・解釈第170条第5号）と同様，分岐回路の施設として電技・解釈第171条第1号で規定されている（5.5，5.6節）．

(2) 保護装置

多くの動力負荷設備には，三相誘導電動機が用いられるが，起動時の電流が定格運転時の7，8倍に達することもあるため，起動電流のような短時間の過電流には作動せず，過負荷や欠相（3線のうち1線または2線に電気が供給されない状態）の場合に作動する時限性（瞬時には作動せず，一定時間後に停止する）をもつ保護装置が必要となる．これらの特性をもつものとして，つぎのようなものがある．

- 電磁開閉器（誘導型，バイメタル型，サーミスタ型のリレーと電磁接触器を組み合わせたもの）
- 電動機用配線用遮断器
- 電動機用ヒューズ（タイムラグヒューズ）

この章では，動力制御盤表の作成や配線設計を中心に説明する．

第6章　照明・コンセント設備

よい照明とは，適性な明るさ（照度）があり，むらがなく（輝度分布が均一），グレア（まぶしさ）が少なく，色の見え方が自然光に近いものである．また，経済性（1Wあたりの光束）と保守が容易であることも重要なポイントである．照明計画時点で考慮すべき項目を以下に示す．

(1) 光源の比較検討

　白熱電球，蛍光ランプ，および水銀ランプ，ナトリウムランプ，メタルハライドランプなどのHIDランプ（高輝度放電ランプ）には，それぞれ長所・短所があるため，設計目的に合う光源を選択しなければならない．

(2) 快適照明

　ここちよい照明は，不快なグレア（視野内に高い輝度があり，それにより生ずる障害をいい，不快感や視力低下の原因となる）が少ないことが必要である．グレアの制限についてはG分類とV分類があり，G分類は視覚特性からのグレア規制のための照明器具の照度の制限で，グレアの規制の強い順からG_0, G_1, G_2, G_3の四つに分類される．V分類はブラウン管や液晶ディスプレイなどのVDT画面の反射グレア防止のための照明器具の輝度の制限であり，V_1, V_2, V_3の3段階に分類される（6.5節）．

(3) 照度計算（光束法と逐点法）

　光束法は室内を一様に照明するのに必要な照明器具の台数を求める計算方法であり，逐点法は点光源により，ある点の照度を計算する方法である．

　この章では，建物の照度計算に一般に広く使われる光束法による屋内の照度計算を例題として取り上げる（6.1, 6.2, 6.3, 6.4節）．

(4) コンセント設備

　コンセントの容量は15 A，20 A，30 A，50 Aがあり，その電流値により分岐配線のサイズが定められている（6.6節）．

　この章では，事務所ビルの照明およびコンセント設備の計画，設計の手法について説明する．

第7章　テレビ共同受信設備

　種々の用途として設置されるテレビ共同受信設備が要求される機能は，システムの末端で満足する電界レベルが得られるかどうかということである．受信システムの構成は，受信用アンテナ，混合器，コンバータ，増幅器，分岐器，分配器，直列ユニット，テレビ端子，ケーブルなどから成り立っている．これらについて利得（機器の入力と出力の比をいい，増幅器では増幅度を，アンテナでは性能を表す）や減衰量（分配器やケーブルなどにより電界レベルが減少する量）を計算し，VHF，UHFで70 dB，BSで55 dB以上の電界レベルを確保することが望まれる（7.3節）．

なお，衛星放送の伝送方式として AM 伝送方式と FM（BS-IF）伝送方式がある．AM 伝送方式と FM 伝送方式は，電界の変調方式の違いで前者は信号に応じて電界の振幅を変える方式で，後者は周波数を変える方式である．

(1) AM 伝送方式

VHF または UHF の形で衛星放送信号を伝送する方式である．つまり BS-IF 信号を地上波と同じ方式に変換して伝送するため損失が少なく，BS チューナは不要である（7.3 節）．

(2) FM（BS-IF）伝送方式

衛星放送の信号を直接伝送する方式であり，12 GHz 帯の信号を BS アンテナで受けて BS コンバータで 1 GHz 帯の BS-IF 信号を分配する．BS チューナが必要である．

この章では，例題を二つあげ，理解を深めることができるようにくわしく解説する（7.3 節）．

第 8 章 電話設備

第一種電気通信事業者からの局線を施設内の主配線盤（MDF）に引き込み，この局線と施設内の任意の内線電話機相互間を構内交換機（PBX）を介して接続し，通話や通信を行う装置である．局線の引込み用管路から構内交換機，ケーブル，電話機までを総称して一般に電話設備という（8.3 節）．

この設備は技術の進歩が非常に速い分野であり，構内交換機も高度情報化社会に対応し，多くの場合ディジタル型の電子交換機が採用されており，電話機能の音声だけでなく，パソコンやファックスに接続し，データ通信や画像処理，その他のサービス機能も可能となる．さらにその応用面でも多様化が進み，将来を予測することさえ困難である．

したがって，施設側の対応としては，建物への局線などの引込み管路，主配線盤（MDF）と各階ごとの端子盤（中間端子盤や室内端子盤）およびそれらを接続する配管やケーブルラック，端末器用の増大するケーブルを処理するためのフリーアクセスフロア（二重床構造で電源や情報用の配線が任意の床面より取り出せる構造）や OA フロア（簡易な二重床構造）などを考慮する必要がある．

この章では，建物側で用意する，電話施設用のインフラを中心に説明する（8.4 節）．

第9章　放送設備

　劇場や演奏会で使用される音響設備を除いて，お知らせの伝達，呼出しや，BGMなどの一般放送と，火災や地震時などの非常時の避難誘導のための拡声装置として放送設備が設置され，一般放送用と非常用とを兼用する場合が多い．非常放送設備は消防法で定められており，非常警報設備（非常ベル，自動式サイレン，放送設備）の一つとして，防火対象物の種類や収容人員により設置が義務付けられている．

　機器類の構成は増幅器，マイクロホン，スピーカなどであるが，インピーダンスマッチングなど技術的に注意すべき事項がある（9.3節）．

　非常放送設備としては，増幅器の電源電圧監視装置，モニタスピーカまたはレベル計，階別表示灯など法令で設置することが義務付けられている．スピーカは放送区域の広さによりL級，M級，S級に分類し，設置することや，配線には耐熱性を有することなどの規制がある（9.3，9.4節）．

　この章では，放送設備の機器の容量や，仕様や諸元を図表を多く使用して解説する．

第10章　自動火災報知設備

　熱や煙（燃焼生成物）をセンサが自動的に感知し，火災の発生を知らせる設備で，消防関連法令により，防火対象物（建物など）の種類と規模によって，設置とそれを適切に維持運用することを義務付けている．消防法施行令第21条「別表第一」に防火対象物の区分と自動火災報知設備を必要とする建物の部分として，一般の普通階，地階または無窓階，11階以上の階，地階・無窓階および3階以上，地階または2階以上，通信機器室などに分類されている．

　また，特定防火対象物として，不特定多数の者が集まる場所や，病人や老人など体力的な弱者用の施設は，火災の発生の可能性や発生した場合被害が大きくなる可能性があるため，きびしい設置基準が課せられる（10.3節）．

　この章では，自動火災報知設備の平面図とそれに対応する系統図を取り上げ，読者の理解を深めるよう工夫している（10.4節）．

第 11 章　エレベータ設備

　建物の規模が巨大化，高層化することで人や物の輸送も大量，高速化が必要となり，垂直方向の交通機関，搬送設備として重要な役割を果たすことになる．

　エレベータのいずれの要素も建物や施設の建築計画と深くかかわる部分が多く，配置計画，ゾーニング，設置台数や乗場やかご内の意匠のみならず，人命に対する安全性からも建基法関連法規や JIS などで，かごの構造，昇降路の構造，機械室の構造などの詳細を規定している．エレベータの輸送能力を判断する要素として 5 分間輸送能力と平均運転間隔がある（11.3 節）．

　エレベータのサービス水準値として，事務所ビル，共同住宅，ホテルなど建物種類ごとに 5 分間輸送能力と平均運転間隔の一定の目安があり，交通計算によりこの水準をクリアすべくエレベータの台数や積載荷重，速度などの仕様を決定する（11.4 節）．

　この章では，エレベータ設備の計画をするにあたってポイントとなる交通計算の例題を中心に解説する（11.5 節）．

第 12 章　電気設備の耐震対策

　建築設備（電気設備を含む）の耐震性能の目標を設定する場合は建物全体との協調が重要であり，建物全体の構造部，仕上げ部材などの耐震レベルと設備系とは同一レベルにすべきである．

　同一の建物でも部位により地震の影響は大きな差異がある．つまり重要な機器や幹線などの配置や経路の計画にあたり，地震入力の比較的小さい地階や低層部を選び，耐震性に対する信頼性が高くなるように考慮するのも一方法であろう．

　ここで，耐震計画上の設計用地震入力は震度法による地震入力とし，機器の重心に標準の地震入力が作用するものとし，(財) 日本建築センター「建築設備耐震設計・施工指針」により計画する（12.3，12.4 節）．

　この章では，受変電設備や発電機などの主要機器の耐震対策をアンカーボルトによる固定としてとらえ，設計用地震力による計算法を例題として取り上げた（12.5 節）．

第 13 章　故障計算

　短絡や地絡は電気事故の代表的なものである．短絡は導体が直接インピーダンスゼロの状態で接触することで，電流を制限するものは電線やケーブルの導体や変圧器のインピーダンスのみで，これらは非常に小さい値であるために短絡時の電流は非常に大きな値となる．電気機器や電路がこの短絡時の電流により熱的に耐えられるか否か，または短絡時に生ずる大きな電磁力に機械的な強度面で耐えることができるかどうかを判断する根拠となるものである．短絡時の電流値は三相短絡の場合が最も大で，線間短絡の値は三相短絡の電流値の $\sqrt{3}/2$ 倍である．したがって，三相短絡時を検討しておけばよい（13.1，13.4 節）．

　この章では，故障電流のうち，短絡電流をパーセントインピーダンス法を用いて求める方法を中心として説明する．また，対称座標法の説明と例題を取り上げる（13.5 節）．

　以上，全13章の内容について，そのあらましを説明したが，各章ごとに，それぞれの実施計画のポイントと手順，および，技術内容の説明を行った後，実際に例題を解きながら，全体を説明する進め方をしているので，実務上での展開に役立つものと思われる．

　なお，本文中に下記の略称が使用されることがある．

「電気設備に関する技術基準を定める省令」	電技
「電気設備の技術基準の解釈」	電技・解釈
「内線規程」	内規
「建築基準法」	建基法
「建築基準法施行令」	建基令
「消防法」	消法
「消防法施行令」	消令
「消防法施行規則」	消規

この章で述べた各電気設備の概要を図 0.1 に示す．

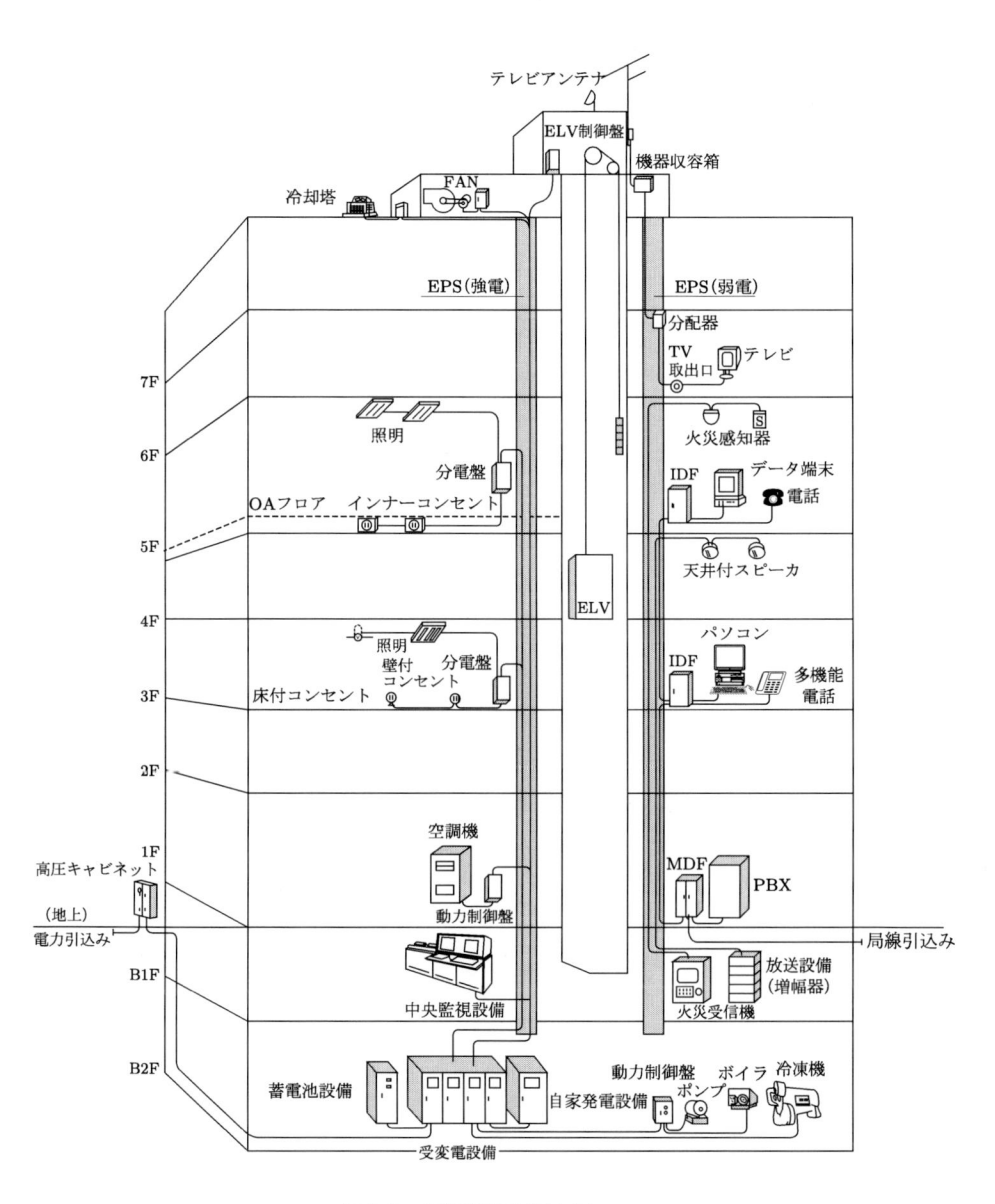

図 0.1　電気設備のあらまし

第1章　受変電設備

　商業ビルや工場，病院，官公庁，研究所などでは，電気エネルギーを常に安定的に供給することは，その建物内の機能や環境を適正に保持するためには欠くことのできない重要なことであり，この役目をするのが受変電設備である．
　この章では，受変電設備の規模に影響する主要機器の容量や定格を実例をもとに算出し，保安上重要な電気事故に対する保護装置と回路構成を単線結線図としてまとめ，それに対応する受変電設備を電気室内に配置するまでの一連の流れを解説する．

1.1　受変電設備計画のポイント

　受変電設備を計画するにあたり，建物の企画設計段階でおおよその内容を知る方法と，建物の実施設計時点の負荷内容が判明した段階で詳細な機器仕様の決定を行う方法の2種類がある．ここでは，具体的な建物の大きさと用途を例にあげ，受変電設備の規模に最も影響のある変圧器の容量を算出し，回路構成を検討し，主要機器の種類，用途，それらの目的，さらに仕様などについて計画する．受変電設備の計画，設計，施工，保守管理は電気設備の中心となるため，十分習得してほしい．

1.2　受変電設備の計画の手順

　受変電設備の容量の算定，単線結線図の作成および機器のレイアウトを図1.1の手順で行う．受変電設備の規模は，変圧器の合計容量で表されることが多い．まず，手順に従って単相変圧器（照明やコンセント用）と三相変圧器（ポンプやファンなどの動力用）の容量を求め，それに応じて受変電システムを構築し，主要機器の定格などの仕様を定め，単線結線図を作成し，建物内の所要スペースに配置する一連の計画であるが，例題1.1の解説に従って作業を進めると理解しやすい．

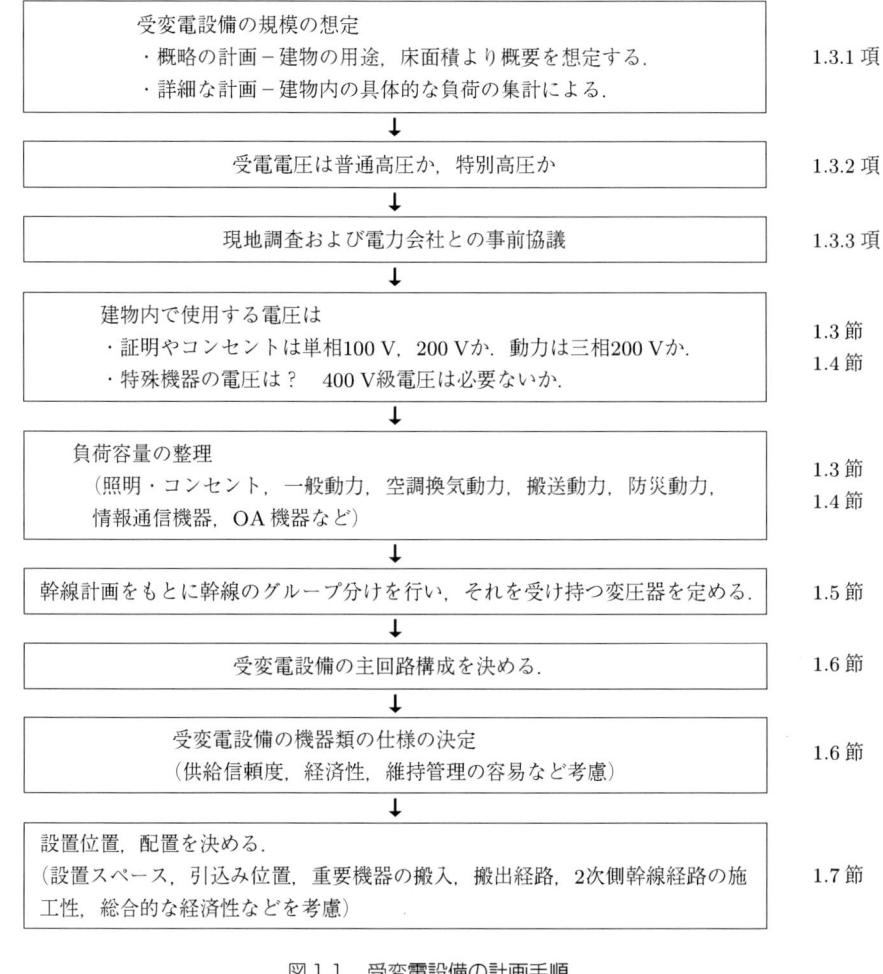

受変電設備の規模の想定 ・概略の計画 – 建物の用途,床面積より概要を想定する. ・詳細な計画 – 建物内の具体的な負荷の集計による.	1.3.1 項
↓	
受電電圧は普通高圧か,特別高圧か	1.3.2 項
↓	
現地調査および電力会社との事前協議	1.3.3 項
↓	
建物内で使用する電圧は ・証明やコンセントは単相100 V,200 Vか.動力は三相200 Vか. ・特殊機器の電圧は? 400 V級電圧は必要ないか.	1.3 節 1.4 節
↓	
負荷容量の整理 (照明・コンセント,一般動力,空調換気動力,搬送動力,防災動力,情報通信機器,OA機器など)	1.3 節 1.4 節
↓	
幹線計画をもとに幹線のグループ分けを行い,それを受け持つ変圧器を定める.	1.5 節
↓	
受変電設備の主回路構成を決める.	1.6 節
↓	
受変電設備の機器類の仕様の決定 (供給信頼度,経済性,維持管理の容易など考慮)	1.6 節
↓	
設置位置,配置を決める. (設置スペース,引込み位置,重要機器の搬入,搬出経路,2次側幹線経路の施工性,総合的な経済性などを考慮)	1.7 節

図1.1　受変電設備の計画手順

1.3　新設時の受変電設備の計画

1.3.1　受変電設備の規模の想定

建築の企画,設計計画段階において,受変電設備の設置場所のスペース,機器の荷重,搬入,搬出経路やコストの検討などから概略の受変電設備の内容を知る必要がある.その時点では空調,換気,給排水,防災機器などの個々の機器の仕様や容量は確定していない.そこで,表1.1などの過去のデータをもとに,建物規模,用途を考慮して概略の受変電設備を想定する.

表1.1　負荷密度 [VA/m²] の目安

用途・種別	電灯コンセント	一般動力	空調・換気動力	全負荷容量
事務所	55	25	50	130
店舗・デパート	60	25	50	135
ホテル	40	20	35	95
住　宅	25	15	15	55
学　校	25	15	20	60
病　院	45	40	45	130

1.3.2　受電電圧と契約電力

電力会社がビルや工場などの需要家に電力を供給する場合，電力会社の供給約款に基づき契約電力が定められる．契約電力はその需要家が契約上使用できる最大電力 [kW] であり，その値が 50 kW 未満の場合は電力会社から供給される電圧が 100 V や 200 V の低圧の電力で，50 kW 以上 2 000 kW 未満の場合は高圧（6 kV，7 kV），2 000 kW 以上は特別高圧（20 kV，60 kV，70 kV など）となる．

1.3.3　現地調査および電力会社との事前協議

新たに受変電設備を設置する場合は，現地に足を運び以下の内容等について確認すると同時に，管轄の電力会社営業所にて計画時点で事前の打合せを行う必要がある．

現地調査や事前協議の内容の例は以下のとおりである．

・引込み位置
・引込み方法（地中か，架空か，高圧キャビネット，柱上区分開閉器）
・遮断容量
・系統接地の値
・受電方式は 1 回線受電か 2 回線受電か（電力の供給信頼度）．
・受電電圧は 6.6 kV または 22 kV（33 kV），66 kV（77 kV）などのいずれか．
・契約の種別

1.4　受変電設備の計画・設計例

以下の例題 1.1 により受変電設備の計画・設計の手法と，電気室のスペースなど建築的諸元を求める．

【例題 1.1】

地下 2 階，地上 7 階建てで，3 階から 7 階までの事務所の延床面積は 5 000 m²，ショッ

ピングセンターは地下1階から2階まででで，延床面積が 2 000 m² の複合用途建物を計画している．地下2階を機械室，電気室など予定しているが，当建物の受変電設備を計画し，さらに，電気室のスペース，機器の荷重，必要な階高（または，有効に利用できる床面より天井までの高さ）など概略の数値を求めなさい．

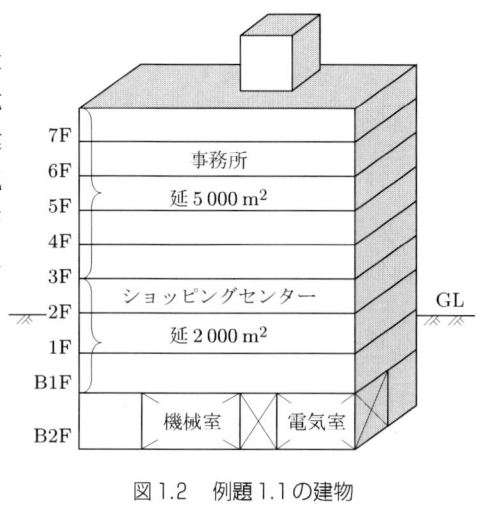

図1.2　例題1.1の建物

■解説

当例題において受変電設備について，1.4.1〜1.4.4項まで解説を行い，建物のスペースや荷重，階高などは1.8節で述べる．

1.4.1　電灯変圧器の容量
(1) 事務所部分の必要容量

まず，電灯・コンセントの負荷は，表1.1の事務所の負荷密度 [VA/m²] より

$$55\,\mathrm{VA/m^2} \times 5\,000\,\mathrm{m^2} = 275\,\mathrm{kVA}$$

となる．

事務所電灯負荷の需要率を 80 % とし，不等率を 1.1，余裕率（余裕率は負荷の力率などの要素を含むものとする）を同じく 10 % とすると，事務所電灯の最大需要電力はつぎのように求まる．

$$275\,\mathrm{kVA} \times 0.8 \times 1/1.1 \times 1.1 = 220\,\mathrm{kVA} \qquad ①$$
（不等率）（余裕度）

ここで，需要率 = $\dfrac{\text{最大需要電力}}{\text{総設備容量}} \times 100\,[\%]$，不等率 = $\dfrac{\text{各負荷の最大需要電力の和}}{\text{合成最大需要電力}}$

(2) ショッピングセンター部分の必要容量

(1) と同様に，電灯コンセント負荷は表1.1の店舗・デパートの種別より

$$60\,\mathrm{VA/m^2} \times 2\,000\,\mathrm{m^2} = 120\,\mathrm{kVA}$$

となる．

　ショッピングセンター電灯負荷の需要率を85％とし，不等率を1.2，余裕度を10％とすると，ショッピング電灯の最大需要電力は

$$120\,\text{kVA} \times 0.85 \times 1/1.2 \times 1.1 = 93.5\,\text{kVA} \qquad ②$$

したがって，電灯変圧器の必要な容量は，①＋②で313.5 kVA となる．

　よって，将来の負荷増を考慮し電灯バンク（電灯用変圧器のグループ）は単相100 kVA×2台，単相150 kVA×1台とする．この場合，単相変圧器容量の不平衡率の問題は，以下の(b)のとおり発生しない．

　なお，単相3線式における不平衡負荷の限度は，30％以下とすることに注意する．ただし，以下の場合を除く．

(a) 高圧受電において100 kVA以下の単相負荷の場合．
(b) 高圧受電において単相負荷容量の最大と最小の差が100 kVA以下である場合．

$$設備不平衡率 = \frac{各線間に接続される単相負荷設備容量の最大最小の差}{総負荷設備容量の1/3} \times 100\,[\%]$$

$$\leqq 30\,[\%]$$

なお，変圧器の定格容量は，表1.2より選定するとよい．

表1.2　変圧器の定格容量　　　[kVA]

単相	10	20	30	50	75	100	150	200	300	500
三相	20	30	50	75	100	150	200	300	500	750

1.4.2　動力変圧器の容量

(1) 事務所部分の必要容量

　ここでは，事務所部分の動力変圧器の容量を算出する．空調・換気動力負荷は表1.1より，

$$50\,\text{VA/m}^2 \times 5\,000\,\text{m}^2 = 250\,\text{kVA}$$

となる．

　空調・換気動力負荷の需要率を90％とし，不等率1.1，余裕率10％とすると，事務所空調・換気動力の最大需要電力は

$$250\,\text{kVA} \times 0.9 \times 1/1.1 \times 1.1 = 225\,\text{kVA} \qquad ③$$

　一般動力その他は，次式となる．同じく表1.1より

$$25\,\text{VA/m}^2 \times 5\,000\,\text{m}^2 = 125\,\text{kVA}$$

一般動力・その他動力負荷需要率を 40 % とし，不等率 1.2，余裕率を 10 % とすると，事務所一般動力・その他の最大需要電力は，次式となる．

$$125\,\text{kVA} \times 0.4 \times 1/1.2 \times 1.1 = 45.8\,\text{kVA} \qquad ④$$

(2) ショッピングセンター部分の必要容量
(1) と同じように，空調・換気動力負荷は，次式となる．

$$50\,\text{VA/m}^2 \times 2\,000\,\text{m}^2 = 100\,\text{kVA}$$

空調・換気動力負荷の需要率を 90 %，不等率 1.1，余裕率 10 % とすると，ショッピングセンター空調・換気動力の最大需要電力は

$$100\,\text{kVA} \times 0.9 \times 1/1.1 \times 1.1 = 90\,\text{kVA} \qquad ⑤$$

一般動力・その他は，次式となる．

$$25\,\text{VA/m}^2 \times 2\,000\,\text{m}^2 = 50\,\text{kVA}$$

表 1.3　負荷種別による容量の低減係数（参考値）

(a) 照明・コンセント

照明・換気扇・ファンコイルなど										
負荷合計容量 [kVA]	0〜10	20	30	40	50	60	70	80	90	100 以上
低減係数 l_1	0.93	0.9	0.88	0.85	0.83	0.82	0.81	0.80	0.79	0.79
コンセント										
負荷合計容量 [kVA]	0〜2	4	6	8	10	12	14	16	18	20 以上
低減係数 l_2	0.6	0.5	0.4	0.38	0.35	0.34	0.33	0.32	0.31	0.30

(b) 動　力

熱源・昇降機など					
負荷合計容量 [kVA]	0〜50	60	70	80	90
低減係数 P_1	1	0.98	0.97	0.96	0.95

空調・換気動力など										
負荷合計容量 [kVA]	0〜10	20	30	40	50	60	70	80	90	100 以上
低減係数 P_2	1	0.98	0.97	0.96	0.95	0.94	0.93	0.92	0.91	0.90

給排水衛生その他動力		
負荷合計容量 [kVA]	0〜10	20〜50	50 以上
低減係数 P_3	0.5	0.45	0.4

一般動力・その他動力負荷の需要率を50％とし，不等率1.2，余裕率を10％とすると，ショッピングセンター一般動力・その他の最大需要電力は，次式となる．

$$50\,\text{kVA} \times 0.5 \times 1/1.2 \times 1.1 = 22.9\,\text{kVA} \qquad ⑥$$

よって，空調換気動力として③+⑤ → 315 kVA，一般動力・その他として④+⑥ → 68.7 kVA となり，その合計は383.7 kVA となる．[本文中の → は数値の正確さにこだわらずアバウトな計算結果としての表現を示す．以下同じ]．

以上より，動力バンク（動力用の三相変圧器が接続される回路）は三相変圧器200 kVA を2台，または300 kVA と100 kVA の組合せが考えられる．この結果を単線結線図へ反映させる（1.6.4項）．

なお，照明コンセントや動力負荷の需要率，不等率を考慮した低減係数を参考値として表1.3に示す．前記の計算はこれらを使い容量計算をすることもできる．

1.4.3　力率改善用進相コンデンサの容量

力率 $\cos\theta_1$ を $\cos\theta_2$ に改善するために必要なコンデンサの容量は，図1.3のベクトル図より求めることができる．図1.3でABは当初の力率改善前の無効電力[kvar]，BCは力率改善に必要な無効電力，ACが力率改善後の無効電力である．

したがって，

$$\text{BC}\,[\text{kvar}] = P_0\,[\text{kW}] \times (\tan\theta_1 - \tan\theta_2)$$

となる．

ここで，$\Delta\tan = \tan\theta_1 - \tan\theta_2$ とすると，BC [kvar] $= P_0$ [kW] $\times \Delta\tan$ となる．$\Delta\tan$ を kW 係数といい，この値を表1.4に示す．

力率改善前の負荷の力率を電灯およびコンセントについては90％，空調換気，給排水ポンプ，その他一般の動力用として使用される電動機の力率を80％とし，力率改善

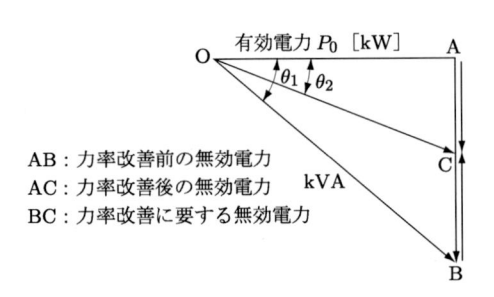

図1.3　力率改善のベクトル図

表 1.4　kW 係数（$\Delta \tan$）

改善前の力率 $\cos\theta_1$	改善後の力率 $\cos\theta_2$				
	100	95	90	85	80
60	1.333	1.004	0.849	0.713	0.583
62	1.266	0.937	0.782	0.646	0.516
64	1.201	0.872	0.717	0.581	0.451
66	1.138	0.809	0.654	0.518	0.388
68	1.078	0.749	0.594	0.458	0.328
70	1.020	0.691	0.536	0.400	0.270
72	0.964	0.635	0.480	0.344	0.214
74	0.909	0.580	0.425	0.289	0.159
76	0.855	0.526	0.371	0.235	0.105
78	0.802	0.473	0.318	0.182	0.052
80	0.750	0.421	0.266	0.130	0.000
82	0.698	0.369	0.214	0.078	—
84	0.646	0.317	0.162	0.026	—
86	0.593	0.264	0.109	—	—
88	0.540	0.211	0.056	—	—
90	0.484	0.155	0.000	—	—
92	0.426	0.097	—	—	—
94	0.363	0.034	—	—	—
96	0.292	—	—	—	—
98	0.203	—	—	—	—
100	0.000	—	—	—	—

後はそれぞれの負荷は 95％ に改善するものとする．

電灯・コンセント負荷容量に対しての有効電力 P_1 [kW] は，次式となる．

$$P_1\,[\text{kW}] = 313.5\,\text{kVA} \times 0.9 = 282.1\,\text{kW}$$

表 1.4 より，改善前の力率 90％，改善後の力率 95％ より，kW 係数は 0.155 であり，必要なコンデンサ容量は次式となる．

$$C_1\,[\text{kvar}] = 282.1 \times 0.155 = 43.7\,\text{kvar} \qquad ⑦$$

動力負荷容量 $315\,\text{kVA} + 68.7\,\text{kVA} = 383.7\,\text{kVA}$ に対する有効電力 P_2 [kW] は

$$383.7\,\text{kVA} \times 0.8 = 306.9\,\text{kW}$$

となり，⑦と同様に次式となる．

$$C_2\,[\text{kvar}] = 306.9 \times 0.421 = 129.2\,\text{kvar} \qquad ⑧$$

表1.5　三相コンデンサの定格容量表

定格電圧 [kV]	定格容量 [kvar]
普通高圧　3, 6	10 (12), 15 (18), 20 (24), 25 (30), 30 (36) 50, 75, 100, 150, 200, 250, 300, 400, 500

注) 10 (12), 15 (18) などは 50 Hz, 60 Hz 共用とし, ( ) 内は 60 Hz 用を示す.

よって, ⑦ + ⑧ = 172.9 kvar となり, 実際は 50 kvar を 3 台, または 75 kvar を 2 台程度設置する. この結果を単線結線図に反映させる (1.6.4 項).

コンデンサの容量は, 表 1.5 より選定する.

1.4.4　故障電流

(1) 短絡電流の求め方

受電点の短絡電流を, 12.5 kA (150 MVA) とする.

変圧器構成を, $3\phi TR：300\,kVA$, $3\phi TR：100\,kVA$, $1\phi TR：150\,kVA$, $1\phi TR：100\,kVA$, $1\phi TR：100\,kVA$ とする.

図 1.4 の点 A_1, B_1, A_2, B_2 の短絡電流を, 以下の手順で求める.

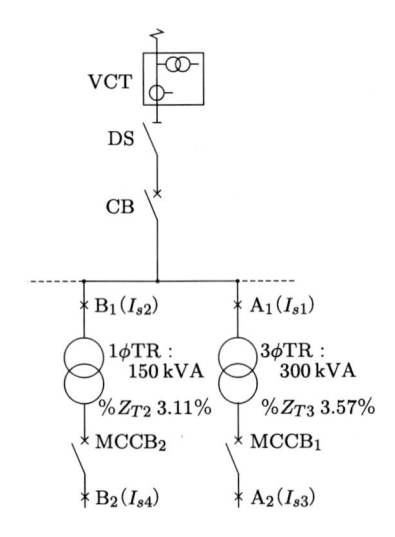

図 1.4　各点の短絡電流

①基準値の設定

$$P_B = 300\,\text{kVA}, \quad V_B = 6\,900\,\text{V}$$

$$I_B = \frac{300\,[\text{kVA}]}{\sqrt{3} \times 6\,900\,[\text{V}]} = 25.13\,\text{A}$$

②インピーダンスの基準値への換算

変圧器1次側パーセントインピーダンス（基準インピーダンスに対して，電源回路のインピーダンスがその何%かを示す値）$\%Z_1$ は

$$\%Z_1 = \frac{300}{150 \times 10^3} \times 100 = 0.2\,\%$$

となる．変圧器インピーダンスは，表1.6 より

　　三相変圧器 300 kVA のパーセントインピーダンス：$\%Z_{T3} = \%Z_{T3B} = 3.57\,\%$

　　単相変圧器 150 kVA のパーセントインピーダンス：$\%Z_{T2} = 3.11\,\%$

とする．単相変圧器 150 kVA のパーセントインピーダンスを，300 kVA ベースに換算する．

一般に以下の関係が成り立つ．

$$\frac{P_B}{\%Z_{TB}} = \frac{P_T}{\%Z_T}$$

ここで，P_B：基準容量，

　　　　$\%Z_{TB}$：基準容量ベースにおけるパーセントインピーダンス

　　　　P_T：変圧器容量，　　$\%Z_T$：P_T のパーセントインピーダンス

よって，基準容量ベースにおける単相変圧器 150 kVA のパーセントインピーダンスは，次式となる．

$$\%Z_{T2B} = \frac{300 \times 3.11}{150} = 6.22\,\%$$

単相変圧器のインピーダンスは，基準容量をベースにした後に等価三相インピーダンスに換算する．

表1.6　変圧器のパーセントインピーダンス（参考）

三相変圧器のパーセントインピーダンス
［定格 kVA ベース］

変圧器容量 [kVA]	$\%Z_T$
50	2.52
75	2.86
100	2.95
150	3.10
200	3.13
300	3.57
500	4.02
750	4.79
1 000	5.35

単相変圧器のパーセントインピーダンス
［定格 kVA ベース］

変圧器容量 [kVA]	$\%Z_T$（線間）
30	2.10
50	2.15
75	2.80
100	2.90
150	3.11
200	3.60
300	3.70
500	4.80

$$\%Z_{T2B\,(3\phi)} = \frac{1}{2} \times 6.22 = 3.11\,\%$$

$\%Z_{T2B\,(3\phi)}$：単相変圧器の等価三相インピーダンス

ここで，三相の線間短絡は図1.5に示すとおり，インピーダンスは2倍，電圧は$\sqrt{3}$倍で考える．

③対称短絡電流の算出

A_1点における短絡電流I_{s1}は，

$$I_{s1} = \frac{Q\,[\text{MVA}]}{\sqrt{3} \times V_B\,[\text{kV}]} = \frac{150 \times 10^3}{\sqrt{3} \times 6.9} = 12.56\,\text{kA}$$

B_1点における短絡電流I_{s2}は，I_{s1}の$\sqrt{3}/2$倍となる．

なぜならば，三相短絡は図1.6のように単相回路に置き変えて図1.5と比較すると理解できる．

$$I_{s2} = 12.56\,\text{kA} \times \frac{\sqrt{3}}{2} = 10.87\,\text{kA}$$

A_2点における短絡電流は，

$$I_{s3} = \frac{I_B}{\%Z_1 + \%Z_{T3B}} \times 100 = \frac{25.13}{0.2 + 3.57} \times 100 = 667\,\text{A}$$

この値は，6 900 Vに対しての値であるから210 Vに換算すると

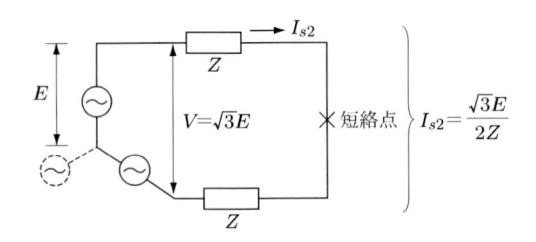

図1.5　三相の線間短絡

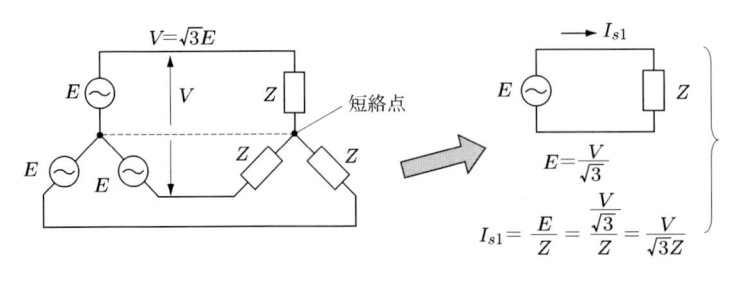

図1.6　三相短絡

$$667\,\text{A} \times \frac{6\,900\,[\text{V}]}{210\,[\text{V}]} \to 21\,916\,\text{A} \to 22\,\text{kA（対称値）}$$

したがって，MCCB$_1$（配線用遮断器）はこの値より遮断容量を大とする．

B$_2$点における短絡電流は，

$$I_{s4} = \frac{I_B}{\%Z_1 + \%Z_{T2B(3\phi)}} \times 100 = \frac{25.13}{0.2 + 3.11} \times 100 = 759.2\,\text{A}$$

単相短絡電流へ換算するには，$\sqrt{3}/2$倍にすればよい．したがって，

$$759.2\,\text{A} \times \frac{\sqrt{3}}{2} = 656.7\,\text{A}$$

これは6 900 Vに対しての値であるから，210 Vに換算すると次式となる．

$$656.7 \times \frac{6\,900}{210} = 21\,577\,\text{A} \to 21.6\,\text{kA（対称値）}$$

したがって，MCCB$_2$の遮断容量はこの値より大とする．

注）A$_2$，B$_2$点の短絡電流値は短絡点の線路インピーダンス，CT（変流器），MCCB（配線用遮断器）や電動機の発電作用は考慮しない．

④簡易計算法

変圧器のインピーダンスだけを考慮し，ケーブル，配線用遮断器，変流器，電動機の発電作用などを無視した場合，短絡電流はつぎのように安全側（遮断器を選定する場合）の大きめの値となる．

$$短絡電流 = \frac{100}{\%Z} \cdot I_n$$

ここで，$\%Z$：変圧器のパーセントインピーダンス，I_n：定格電流

$3\phi 300\,\text{kVA}$の二次側短絡電流は，$\%Z_{T3} = 3.57$とすると

$$I_{s3} = \frac{100}{3.57} \times \frac{300\,\text{kVA}}{\sqrt{3} \times 0.21\,\text{kV}} = 23\,131\,[\text{A}] \to 23\,\text{kA}$$

$1\phi 150\,\text{kVA}$の二次側短絡電流は，$\%Z_{T2} = 3.11$とすると

$$I_{s1} = \frac{100}{3.11} \times \frac{150\,\text{kVA}}{0.21\,\text{kV}} = 22\,967\,[\text{A}] \to 23\,\text{kA}$$

となる．

1.5 実負荷による受変電設備の計画

この節は，1.3節の場合と異なり，すでに照明やコンセントの負荷や動力負荷が具体的に定まっている場合の計画の方法例を示すものである．例題1.1の解説の流れでは，1.4節から1.6節へ直接飛ばして読んでいただいても構わない．

照明・コンセント設備および動力設備のそれぞれで集計された具体的な負荷容量を幹線ごとのグループにまとめ，変圧器容量計算表で集計し，変圧器の台数および容量を決定する．これにより求められた変圧器の合計容量が，受変電設備の規模を示すことになる．

1.5.1 変圧器容量

照明・コンセント設備や動力負荷を幹線グループごとに集計し，計算表（表1.7）を利用し，単相，三相の変圧器容量を算出する．

幹線名，分電盤，制御盤名は第4章の幹線計算書の作成と同じである．負荷種別は用途種別や季節により必要な負荷を記入する．たとえば，一般電灯，一般動力，保安照

表1.7 変圧器容量計算表の例（負荷設備の一部のみとした）

所属変圧器と容量 [kVA]	No1 1ϕTR 150 kVA			No1 3ϕTR 300 kVA		
幹線名	GL-1	GL-2	GL-3	GP-1	GP-2	GP-3
分電盤,制御盤名	1L-1	2L-1-1 2L-1-2	3L-1-1 3L-1-2	B2P-1 B2P-2 B2P-3	B2PL-1	6P-1
負荷種別	一般電灯,OA機器	同左	同左	一般動力	厨房機器	空調動力
出力の合計 [kW]				38.0	30.0	54.0
入力換算率 [%]				125	125	125
入力 [kVA]	43.0	36.0	31.0	47.5	37.5	67.5
需要率 [%]	90	90	90	90	90	100
最大入力 [kVA]	38.7	32.4	27.9	42.8	33.8	67.5
備 考		99 kVA			144.1 kVA	

明，非常電源，夏季動力，空調動力，医療機器，OA機器用，厨房機器用などである．

出力合計 [kW]，入力換算率 [%]，入力 [kVA] などについては 4.2.1 項の**幹線計算書**負荷容量を参照のこと．

需要率については，負荷種別ごとに作動状況の実際を勘案し判断する．最大入力は，入力 [kVA] ×需要率とする．

1.5.2　機器の構成・仕様・保護

新設時の計画と同様に，次の 1.6 節「単線結線図」の作成の手順に従って受変電設備の機器の仕様や台数を決定していく．

1.6　単線結線図の作成

1.6.1　引込み方法による分類

保安上の責任分界点には，区分開閉器（保守点検の際に電路を区分するための開閉装置）を設置することが必要である（電技第 9 条）．この区分開閉器は，負荷電流を開閉することができる高圧交流負荷開閉器（高圧負荷電流や変圧器の無負荷電流などの開閉に使用される）を使用する．

また，気中開閉器（大気中で電路の開閉を行う機器で AS ともいう），真空開閉器（真空バルブの中で電路の開閉を行う開閉器）など不燃性絶縁物（大気中や真空中や

(a) 高圧キャビネット　　(b) 構内第 1 号柱を経て引き込む場合

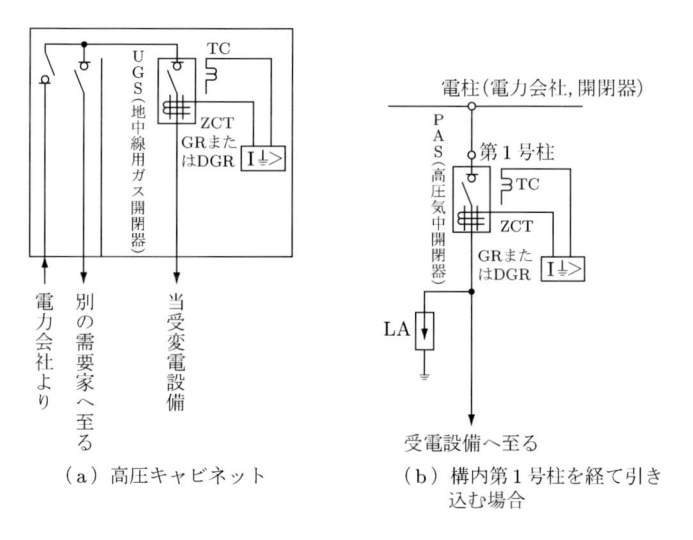

図 1.7　引込み方式による分類

SF$_6$ ガスなどの不燃性物質）を使用したものもある．

　なお，保安上の責任分界点には地絡遮断装置を施設することが必要である．地絡遮断装置は，電路に地絡を生じたときに自動的に電路を遮断する装置をいい，GR（地絡リレー）や DGR（方向性地絡リレー）と組み合わせた UGS（地中線用ガス開閉器）（図 1.7 (a)）または PAS（高圧気中開閉器）（図 1.7 (b)）がある．

　高圧キャビネットから引き込む場合を図 1.7 (a) に，構内第 1 号柱を経て引き込む場合を図 (b) に示す．

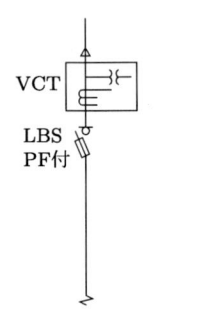

(a) 受電点に地絡保護装置
　　（G付PASなど）があるもの

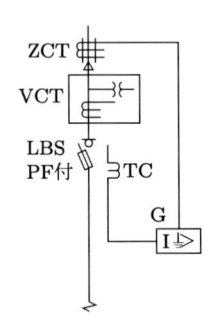

(b) 受電点に地絡保護装置
　　（G付PASなど）がないもの

図 1.8　PF・S 形受電設備の結線図

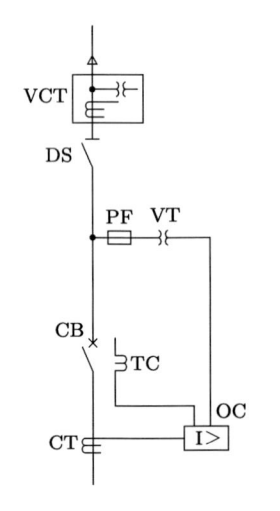

(a) 受電点に地絡保護装置
　　（G付PASなど）がある場合

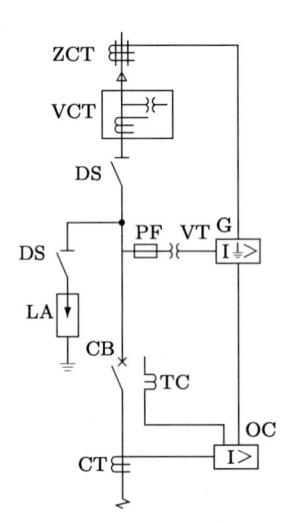

(b) 受電点に地絡保護装置
　　（G付PASなど）がない場合

図 1.9　CB 形受電設備の結線図

1.6.2 主遮断器の種類による分類

保安上の責任分界点の負荷側電路には，責任分界点に近い箇所に主遮断装置［PF付LBS（電力ヒューズ付高圧負荷開閉器）やCB（高圧交流遮断器）など］を設け，電路に過電流が生じたとき自動的に電路を遮断することができることが求められる（電技第14条，18条）．この装置は，過電流や短絡電流が電路に流れたとき自動的に電路を遮断する高圧交流遮断器（JIS C 4603）に適合するもの，またはこれと同等以上の性能を有する遮断器か，限流ヒューズと遮断器を組み合わせたもの（短絡電流の遮断を限流ヒューズにもたせたもの）であることが必要である．ただし，高圧電動機を有しない場合で以下に該当する場合は，限流ヒューズと高圧交流負荷開閉器とを組み合わせたものを使用できる．

・キュービクル（受変電設備機器を鋼板製の箱に収納したもの）式高圧受電設備で設備容量が300 kVA以下の場合

・キュービクル以外の場合で設備容量が150 kVA以下の場合

なお，主遮断装置は，電路の上位の遮断器と下位に設置する遮断器の事故電流に対する動作時限をもたせて選択遮断を行う．事故による停電などの局限化を計るため，電力会社の変電所の過電流保護装置との動作（電流値，時限）の協調が保たれ，かつ受電用変圧器二次側の過電流遮断器との動作協調が保たれていることが必要である．

PF・S形（電力ヒューズ（power fuse）と開閉器（switch）を組み合わせた形式）結線図を図1.8に，CB形（遮断器（circuit breaker））結線図を図1.9に示す．

1.6.3 負荷への分岐

（1）変圧器の開閉器

変圧器の高圧側に開閉器を設置する場合は，電技第14条の保守点検時や事故時に短絡電流などを遮断するため，高圧交流負荷開閉器および過電流遮断器を使用しなければならない．ただし，変圧器の合計がそれぞれの分岐回路で300 kVA以下の場合には，高圧カットアウトを使用することができる（表1.8，図1.10）

表1.8 変圧器一次側の開閉装置

機器種別 変圧器容量	過電流引外しコイル付遮断器（CB）	高圧交流負荷開閉器（LBS）	高圧カットアウト（PC）
300 kVA以下	○	○	○
300 kVA超過	○	○	×

図1.10　変圧器への分岐

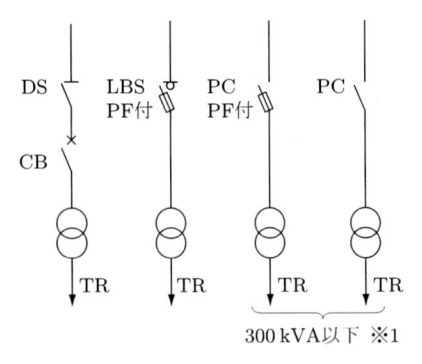

※1は，キュービクル式のものは300 kVA以下であることを示す．

表1.9　コンデンサの開閉装置の適用区分

一次側の機器種別 コンデンサ容量	過電流引外しコイル付遮断器	高圧交流負荷開閉器	高圧カットアウト
50 kvar 以下	○	○	○
50 kvar 超過	○	○	×

また，高調波による電源側および負荷側への悪影響を防止するため，高圧進相コンデンサ容量の6%，8%または11%に相当する容量の直列リアクトル（SR）を高圧コンデンサの一次側に設ける．

（2）高圧進相コンデンサの開閉器，保護装置

コンデンサの回路には，電技第9，14，16条にある事故電流を速やかに遮断するために，コンデンサの保護に適した限流ヒューズを施設しなければならない．

ただし，つぎに該当する場合はこれによらない．

・高圧受電設備の主遮断装置としての限流ヒューズで保護できる場合．
・コンデンサ故障を初期に検出し，コンデンサによる二次災害を防止できる場合．

コンデンサの回路に開閉装置を設ける場合は，コンデンサの容量により設置できる開閉装置が異なるため，表1.9の区分に従い，開閉装置を施設する必要がある．なお，コンデンサへの分岐回路は図1.11による．

1.6.4　単線結線図の構築と機器仕様

（1）まず，受変電設備の回路構成と保護装置を定めるために，電力会社より電力の配電線を需要家の敷地内に引き込む方法（1.6.1項）や，受変電設備の短絡，過

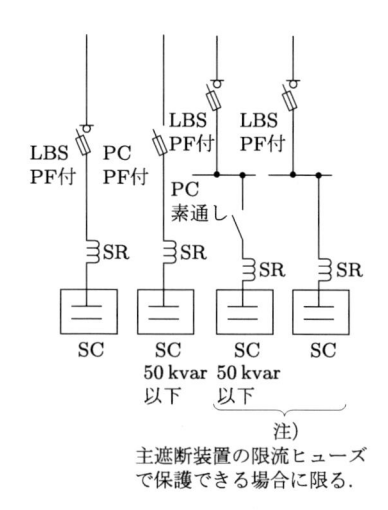

図1.11 コンデンサへの分岐

負荷や地絡などの事故が発生した場合，自動的にしかも瞬時に事故点を電路から切り離し，その影響の局限化を図り最小の被害にとどめるための，主遮断器や変圧器，高圧進相コンデンサなどの開閉器と保護装置の種類や仕様を定める（1.6.2，1.6.3項）．

(2) 変圧器容量の算出（1.4.1，1.4.2または1.4.3項）で求めた単相変圧器および三相変圧器の容量と台数や進相コンデンサの容量，台数などをもとに単線結線図の骨格を作成し，(1)で述べた高圧側の保護装置や，変圧器二次側の低圧側の幹線保護用の配線用遮断器の容量，仕様などは故障電流を確認（1.4.4項）し，それに対応できる機器を選定する．以上(1)および(2)で検討した受変電設備の回路構成と保護装置および変圧器の種類や台数，容量などを単線結線図としてまとめたものが図1.12である．

1.7 受変電設備のレイアウト

電気室内に屋内型キュービクル式高圧受変電設備を設ける場合，単線結線図で示された機器を収納するキュービクルをユニットごとに図1.14で示す保有空間を保ち配置する．その形状や寸法などはデータや資料を参考にするとともにメーカと打合せを要することもある．図1.13にキュービクルの姿図を，図1.15に計器盤と高圧受電盤を分けて電気室内に配置した場合の例を示す．

図 1.12 単線結線図

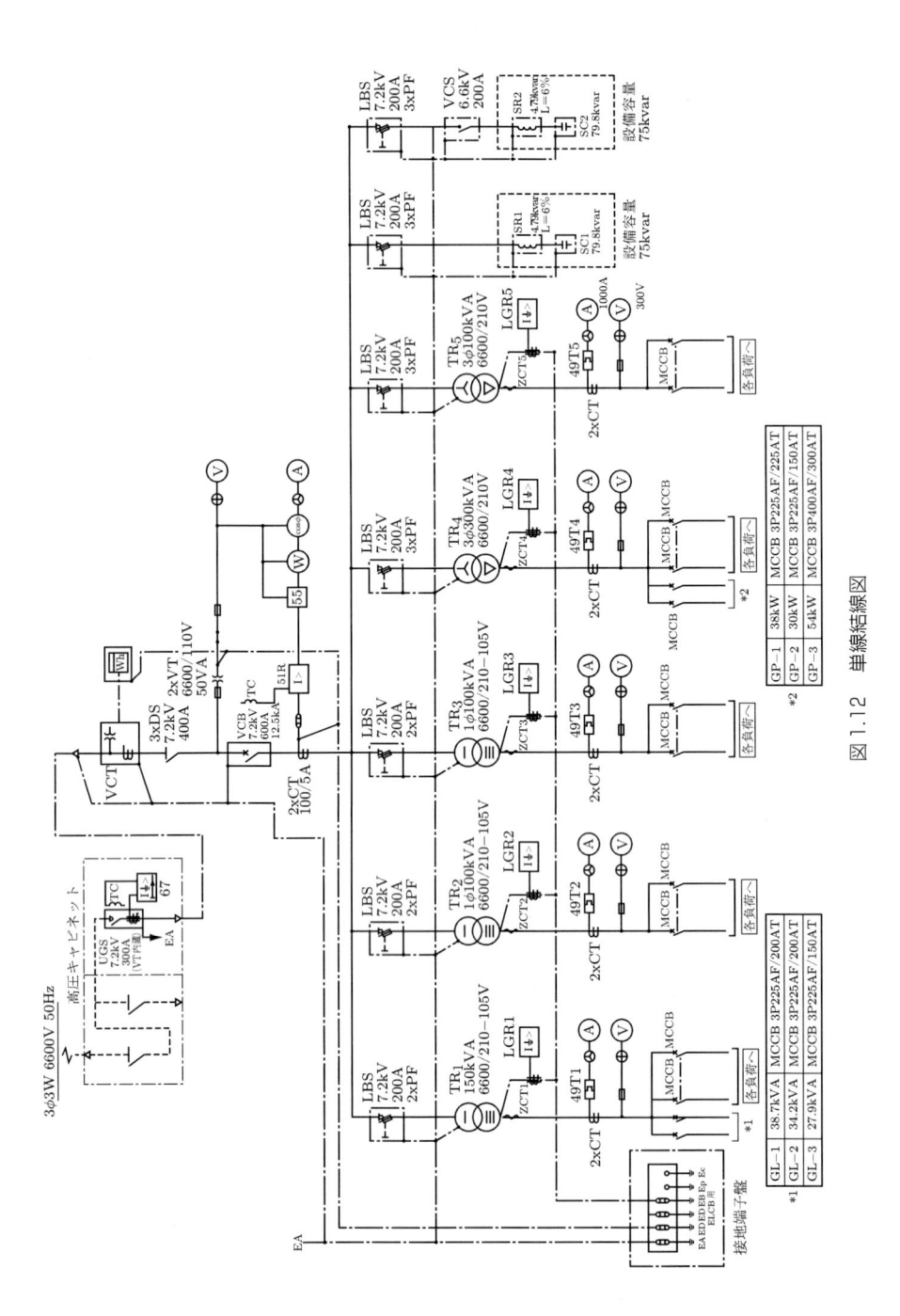

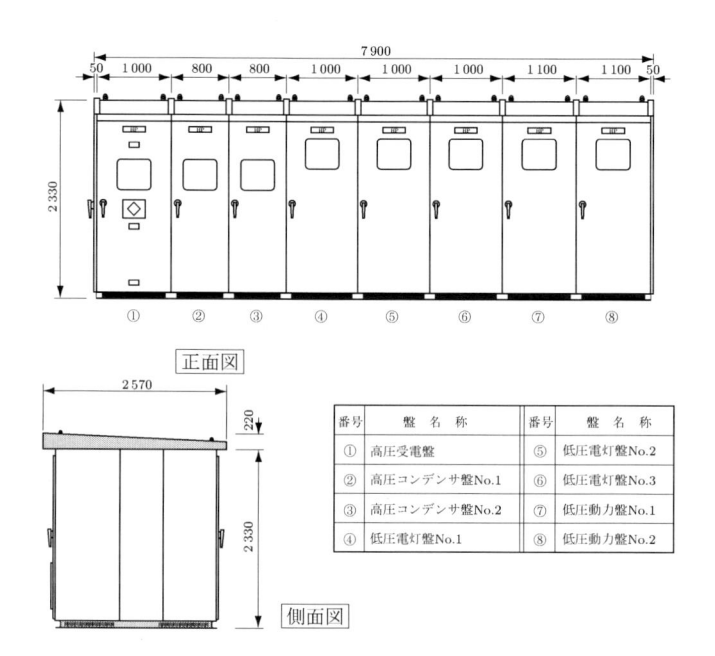

図 1.13　キュービクル姿図

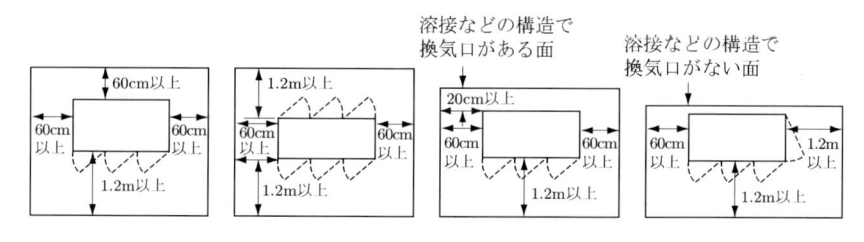

番号	盤　名　称	番号	盤　名　称
①	高圧受電盤	⑤	低圧電灯盤No.2
②	高圧コンデンサ盤No.1	⑥	低圧電灯盤No.3
③	高圧コンデンサ盤No.2	⑦	低圧動力盤No.1
④	低圧電灯盤No.1	⑧	低圧動力盤No.2

図 1.14　キュービクルの保有距離など

1.8　この章のまとめ

　受変電設備のシステム上の計画は以上 1.1 節より 1.7 節にのべたとおりであるが，計画上心掛ける事項としてたとえば次のような内容がある．
（1）受変電設備の設置場所
　建物全体の電気使用負荷の中心部に設置することが望ましい．建物内の 2 階などに設置できれば風雨や浸水，地震時の影響を少なくできるが，実際には地下の電気室や，屋上に設置する例が多い．
（2）搬出入経路や荷重，建物の階高など
　新設時の搬入時や，設置後の主要機器の更新時の搬出経路などは建築計画の当初よ

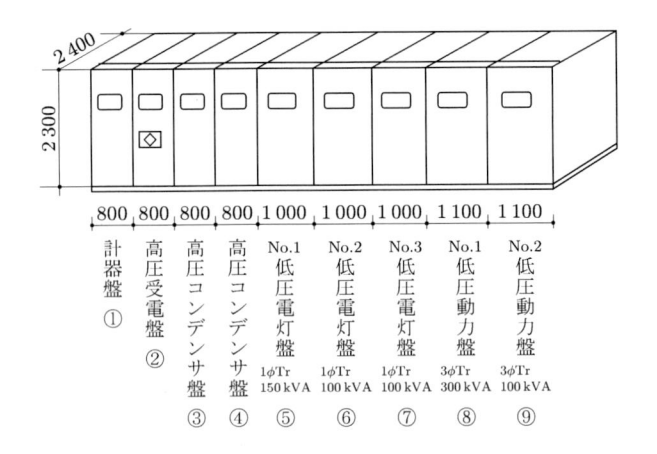

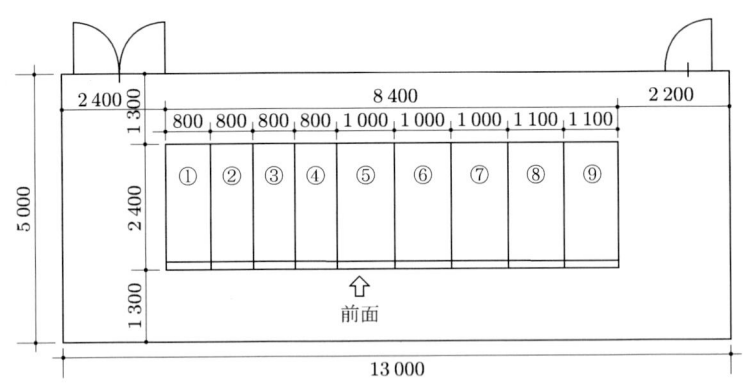

電気室として必要な面積の例

上図のように屋内キュービクルの周囲に必要な空間（図 1.14 参照）および増設のためのスペースを確保すると電気室の面積は約 5 m × 13 m → 65 m² となる．なお，機器の荷重については，幅 800 mm，幅 1 000 mm，幅 1 100 mm のそれぞれのユニットが 1 000 kg，1 000 kg，1 500 kg と仮定すると約 10 ton と想定される．

電気室の必要な有効高さは当受変電設備は普通高圧（6 kV 級）であるので，表 1.10 よりはり下有効の高さが 3.0 m 以上必要である．

図 1.15　キュービクルと電気室の大きさ

表 1.10　受変電室の高さ（有効必要高さ）

高　　圧	はり下 3.0 m
特別高圧（20, 30 kV）	はり下 4.5 m
特別高圧（60, 70 kV）	はり下 6.0 m

り検討されるべき点である．

(3) 保守管理

受変電設備は法令上，定期的に点検し，保安管理上，機器の機能を良好な状態に維持するよう義務づけられている．点検や修繕，機器の更新時に必要なスペースは当初の計画時に確保しなければならない．

以上は受変電設備のみならず，自家発電設備や蓄電池設備など重要設備の計画時に留意しなければならない点である．

第2章　自家発電設備

　電力会社から供給されている電源が，変電所や配電系統の保守，点検時や事故の発生時には需要家に送電されている電源が停電することになる．このときビルの防災上，または機能上必要最小限の電力を確保するために，自家発電設備が設けられる．
　この章では，非常用として使用する場合の自家発電設備の容量算出方法や，発電機室内の機器のレイアウトなどについて解説する．

2.1　自家発電設備の計画のポイント

2.1.1　用　途

　防災上，「建基法」では予備電源，「消防法」では非常電源という名称で定められている．これらの法的に必要な負荷と，保安上の負荷の一覧表を表2.1，2.2に示す．また，停電時，法的に要求される設備負荷以外に，生活に支障がないよう給水ポンプや排水ポンプ，一部の照明，昇降機，医療用機器など保安上必要な設備に発電機設備から電力を供給することも計画上のポイントとなる．

表2.1　建基法の予備電源

法令	負荷の名称	法令の条項	いずれか1個 発電機	いずれか1個 蓄電池	最低供給時間
建築基準法	非常用照明 地下街の通路照明 避難階段および 特別避難階段の照明 非常用進入口灯	建基令126条の4，5 建基令128条の3 建基令123条 建基令126条の7	○ ○ ○ ○	○ ○ ○ ○	30分間
	排煙設備 特別避難階段の付室 排煙設備	建基令126条の2 建基令123条	○ ○	− −	30分間
	地下街の排水ポンプ	建基令128条の3	○	−	30分間
	非常用エレベータ	建基令129条の13の3	○	−	1時間

表2.2　消防法による非常電源その他

法令	負荷の名称	法令の条項	いずれか1個 発電機	いずれか1個 蓄電池	最低供給時間
消防法	屋内消火栓設備	消規 12 条	□	□	30 分間
	スプリンクラ設備	消規 14 条	□	□	〃
	水噴霧消火設備	消規 16 条	□	□	〃
	泡消火設備	消規 18 条	□	□	〃
	二酸化炭素消火設備	消規 19 条	○	○	1 時間
	ハロゲン化物消火設備	消規 20 条	○	○	〃
	粉末消火設備	消規 21 条	○	○	〃
	非常コンセント	消規 31 条の 2	□	□	30 分間
	排煙設備	消規 30 条	□	□	〃
	自動火災報知設備	消規 24 条	−	□	10 分間
	非常警報設備	消規 25 条の 2	−	□	〃
	誘導灯	消規 28 条の 3	−	○	20 分間
その他	保安上重要な負荷	――	○	○	必要最小限

注）□は非常電源専用受電でも可（ただし，特定防火対象物で $1\,000\,m^2$ 以上のものを除く）．

2.1.2　種類と仕様

発電機を駆動する動力源としては，ディーゼルエンジン，ガソリンエンジン，ガスタービンなどがある．ガソリンエンジンは小容量定格であるので，ビル用としては一般にディーゼルエンジンか，ガスタービンが用いられる．ガスタービンはディーゼルエンジンに比べて冷却水が必要ないことや，振動が少ないことなどにメリットがあるが燃料消費量は大きい．

2.2　自家発電設備の計画の手順

主に防災用負荷用としての自家発電設備の計画は，図 2.1 のフロー図による．

2.2.1　容量算定の根拠
（1）消防設備用自家発電設備の出力算定

発電機の負荷として消防用設備などがある場合は，消防庁による告示「消防用設備等の非常電源として用いる自家発電設備の出力の算定について（昭和 63 年 8 月 1 日付，平成元年 10 月 6 日一部改正の消防予第 100 号）」に従い出力算定する必要がある．この基本的事項を下記に示す．

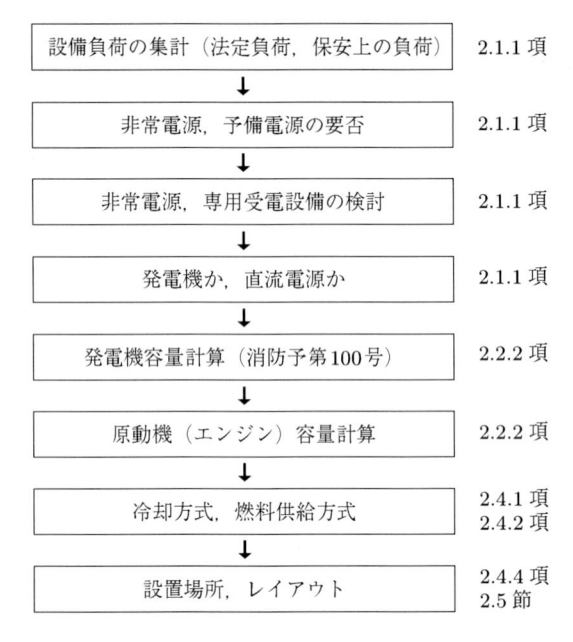

```
┌─────────────────────────────────┐
│ 設備負荷の集計（法定負荷，保安上の負荷） │  2.1.1 項
└─────────────────────────────────┘
              ↓
┌─────────────────────────────────┐
│      非常電源，予備電源の要否       │  2.1.1 項
└─────────────────────────────────┘
              ↓
┌─────────────────────────────────┐
│   非常電源，専用受電設備の検討      │  2.1.1 項
└─────────────────────────────────┘
              ↓
┌─────────────────────────────────┐
│      発電機か，直流電源か          │  2.1.1 項
└─────────────────────────────────┘
              ↓
┌─────────────────────────────────┐
│   発電機容量計算（消防予第100号）   │  2.2.2 項
└─────────────────────────────────┘
              ↓
┌─────────────────────────────────┐
│    原動機（エンジン）容量計算       │  2.2.2 項
└─────────────────────────────────┘
              ↓
┌─────────────────────────────────┐
│      冷却方式，燃料供給方式        │  2.4.1 項
│                                 │  2.4.2 項
└─────────────────────────────────┘
              ↓
┌─────────────────────────────────┐
│        設置場所，レイアウト        │  2.4.4 項
│                                 │  2.5 節
└─────────────────────────────────┘
```

図 2.1

消防用設備等の非常用電源として用いる自家発電設備の出力の算定について

記

第1　出力算定の基本的な考え方

　1　非常電源は，原則として防火対象物ごとに設置することとされているが，異なる防火対象物（同一敷地内に限る）の消防用設備等に対し，一つの自家発電設備から電力を供給する場合に，それぞれの防火対象物ごとに非常電源の負荷の総容量を計算し，その容量が最も大きい防火対象物の負荷に対して電力を供給できる出力であれば足りるものであること．

　2　出力は，1の防火対象物に2以上の消防用設備等が設置されている場合は，原則として当該の消防用設備等を同時に始動し，かつ，同時に使用することができる出力とすること．ただし，2以上の消防用設備等が同時に始動した場合において，逐次5秒以内に消防用設備等に電力を供給できる装置を設けた場合又は消防用設備等の種別若しくは組合せにより同時始動若しくは同時使用があり得ない場合（例，二酸化炭素消火設備と排煙設備）にあっては，瞬時全負荷投入した場合における出力としないことができるものであること．

　　◎「逐次5秒以内に消防用設備等に電力を供給できる装置」とは，2以上の消防用設備等に対する始動命令が同時に行われた場合に，これらを同時に始動することなく，1の消防用設備等を先ず始動させ，5秒以内に次のものを，更に5秒以内に次のものを，逐次始動させることのできる装置をいう．

　3　消防用設備等の作動中に常用電源が停電した場合，当該消防用設備等に対して，自

家発電設備から自動的に電力が供給できる装置が設けられていること．ただし，2以上の消防用設備等が設置されている場合における消防用設備等に対する負荷投入は，前記2の例により行うことができるものであること．
　第2　自家発電設備の出力の算定
　自家発電設備に必要とされる出力の算定に当たっては，発電機出力及び原動機出力を1及び2に示す方法によりそれぞれ求め，当該発電機出力及び原動機出力の整合を3に示す方法により図るものとする．さらに，この結果に基づき，適切な発電機及び原動機を選定し，当該組み合わせによる発電機出力を自家発電設備の出力とするものとする．
　なお，建設省等において示している自家発電設備の出力算定の方法のうち，本算定方法と同様の手法により行われているものにあっては，当該方法によることができるものとする．

2.2.2　発電機容量の算定方法
(1) 発電機出力の算出

発電機出力を求めるために，以下の手順に従って，負荷出力（発電機から電力を供給される動力負荷設備や照明負荷）の合計 K と発電機出力係数 RG を求める．

① 発電機より電源を供給される負荷の出力の合計 K を求める．
② 下記の4種の発電機出力係数を計算する．
　・定常負荷出力係数（全負荷運転時の容量）：RG_1
　・許容電圧降下出力係数（負荷投入時の電圧降下を考慮した容量）：RG_2
　・短時間過電流耐力出力係数（負荷投入時の始動電流を考慮した容量）：RG_3
　・許容逆相電流出力係数（発電機の許容逆相電流を考慮した容量）：RG_4
③ ②で求めた RG_1，RG_2，RG_3，RG_4，のうち最大のものを RG とすると，発電機出力は④の式で求められる．
④ 発電機出力　　$G = RG \cdot K$ [kVA]

(2) 原動機出力の算出

発電機を駆動する原動機出力を求めるには，以下の手順で発電機出力係数 RE を求める．

① 下記の3種の原動機出力係数を計算する．
　・定常負荷出力係数（全負荷運転時の容量）：RE_1
　・許容回転数変動出力係数（過渡時に生じる負荷急変に対する原動機の回転数の変動を考慮した容量）：RE_2
　・許容最大出力係数（原動機の過渡時における短時間最大出力を考慮した容量）：RE_3

② ①で求めた RE_1，RE_2，RE_3 のうち最大のものを RE とすると原動機出力は以下の式で求められる．

③ 原動機出力　$E = RE \cdot K \cdot C_p$ [kW]

　　ここで，K：(1)の①で求めた値（負荷出力の合計）

　　　　　　C_p：原動機出力補正係数（1.0〜1.125）小出力発電機は C_p が大

(3) 発電機および原動機出力の調整

実情および将来の付加の増設等を勘案し，容量，定格を決定する．

2.3　発電機容量の計算例

例題 2.1 では，主に防災負荷用としてビルなどに設置される自家発電設備の計画について検討する．

【例題 2.1】

以下の負荷内容において，消防用設備などの非常電源として自家発電設備を計画している．発電機および原動機の容量を求めなさい．

負荷の内容	負荷出力 [kW]	発電機容量計算上の出力 [kW]	起動方式
1. スプリンクラポンプ	37.0	37.0	Y−Δ 起動
2. 非常用エレベータ	9.5	11.63	交流帰還制御
3. 乗用エレベータ	15.0	18.36	インバータ制御
4. 排煙ファン	18.5	18.5	Y−Δ 起動
5. 医療機器	3.0	3.0	直入れ
6. オイルギアポンプ	0.4	0.4	直入れ
7. 非常灯（スコット Tr より供給）	10.0	10.0	直入れ

■解説

2.2.2項の(1)，(2)の手順に従い，まず負荷出力 K の値を求めることからスタートする．

2.3.1　K の値（負荷の出力の合計）の算出

負荷出力の合計 K は以下の式のとおり，各負荷の発電機容量計算上の出力の合計の値となる．

$$K = \sum_{i=1}^{n} m_i \text{ [kW]}$$

ここで，m_i：負荷それぞれの出力 [kW]，　n：負荷の個数
(1) 負荷が誘導電動機などの場合　　$m_i =$ 負荷の定格出力 [kW]
(2) 負荷がエレベータの場合　　$m_i = \sum E_{vi} \cdot V_i$
　ここで，E_{vi}：エレベータの制御方式による係数

$\left.\begin{array}{l}\text{交流帰還制御方式} \\ \text{直流サイリスタレオナード方式} \\ \text{インバータ制御方式}\end{array}\right\}$ $E_{vi} = 1.224$

直流 M-G 方式　　　　　　　　$E_{vi} = 1.590$

V_i：巻上電動機の定格出力 [kW]

ここで，m_2 のエレベータ（例題 2.1 の表の 2. 非常用エレベータ）は交流帰還制御方式，m_3 のエレベータ（例題 2.1 の表の 3. 乗用エレベータ）はインバータ制御方式とする．

(3) 負荷が照明の場合　　$m_i =$ 定格消費電力 [kW]，つまり例題 2.1 の表の 7. 非常灯 10.0 kW である．

以上より，負荷の出力の合計は

$$\begin{aligned}K = \sum_{i=1}^{7} m_i &= m_1(37.0\,\text{kW}) + m_2(1.224 \times 9.5\,\text{kW}) \\ &\quad + m_3(1.224 \times 15.0\,\text{kW}) + m_4(18.5\,\text{kW}) + m_5(3.0\,\text{kW}) \\ &\quad + m_6(0.4\,\text{kW}) + m_7(10.0\,\text{kW}) \\ &= 98.89\,\text{kW}\end{aligned}$$

となる．

2.3.2　RG（発電機出力係数）の算出

発電機出力係数 RG は，(1)～(4) の発電機出力係数のうち最大のものを RG とする．
(1) 定常運転している発電機の負荷電流により，発電機の巻線の発熱により制限される出力係数は，

$$RG_1\,(\text{定常負荷出力係数}) = 1.47 \times D \times S_f$$

ここで，D：負荷の需要率（防災負荷は1.0とする）
S_f：単相負荷などの不平衡負荷が原因の線電流の増加係数

$$S_f = 1 + 0.6 \times \Delta P/K, \quad \Delta P = A + B - 2C \quad (A \geqq B \geqq C \text{の場合})$$

ここで，ΔP：単相負荷不平衡分合計出力値 [kW]
A, B, C：三相各相に接続される単相負荷量 [kW]

以上より，$D = 1.0$，単相負荷（非常灯負荷）10 kW が R-S 相，S-T 相，T-R 相にそれぞれ3.3 kW ずつ負荷されているとすると $\Delta P = 0$，つまり $S_f = 1$，したがって，$RG_1 \to 1.47$ となる．

(2) 電動機などの始動電流による電圧降下の許容量によって定まる係数は

$$RG_2 \text{（許容電圧降下出力係数）} = \frac{1 - \Delta E}{\Delta E} \times Xd'g \times \frac{K_s}{Z'_m} \times \frac{M_2}{K}$$

ここで，ΔE　：発電機出力端許容電圧降下で20%(0.2)とする．
$Xd'g$：負荷投入時における発電機インピーダンスで0.25を標準とする．
K_s　：負荷の始動方式による係数（表2.3）
Z'_m　：負荷始動時のインピーダンス（表2.3）
M_2　：電圧降下が最大となる負荷の出力 [kW]．それぞれの負荷の始動入力 $\left(\dfrac{K_s}{Z'_m} \times m_i\right)$ の値を計算し，その値が最大となる m_i を M_2 とする．

以上より，例題2.1の負荷の表のなかで $i = 1$ のとき，つまりスプリンクラポンプ 37.0 kW が 4.76×37.0（Y-Δ 起動）$\to 176.1$ となり最大となる．よって

$$M_2 = 37.0, \quad RG_2 = \frac{1 - 0.2}{0.2} \times 0.25 \times \frac{0.67}{0.14} \times \frac{37.0}{98.9} \to 1.79$$

となる．

(3) 大きな負荷の始動電流により発電機は短時間過負荷運転となるが，この許容量により定まる出力係数は

$$RG_3 \text{（短時間過電流耐力出力係数）}$$
$$= \left\{0.98 \times d + \left(\frac{1}{KG_3} \times \frac{K_s}{Z'_m} - 0.98 \times d\right)\frac{M_3}{K}\right\} \times fv_1$$

ここで，fv_1　：瞬間回転数低下，電圧降下による負荷投入減少係数でエレベータがある場合は1.0とする．
KG_3：発電機の短時間過電流耐力．一般に150%過電流で15秒とされているため1.5とする．

表2.3 始動方式による係数，始動時インピーダンス，始動時力率
(社) 営繕協会建築設備設計要領より抜粋

負荷		始動方式		K_s	Z'_m	$\dfrac{K_s}{Z'_m}$	$\cos\theta_s$		$\dfrac{K_s}{Z'_m}\cos\theta_s$
誘導電動機	低圧機器	直入れ始動		1.0		7.14	①	0.7	5.00
							②	0.6	4.28
							③	0.5	3.57
							④	0.4	2.86
		Y-Δ始動		0.67		4.76	①	0.7	3.33
							②	0.6	2.86
							③	0.5	2.38
							④	0.4	1.90
		リアクトル始動		0.7	0.14	5.00	①	0.7	3.50
							②	0.6	3.00
							③	0.5	2.50
							④	0.4	2.00
		コンドルファ始動		0.49		3.50	①	0.7	2.45
							②	0.6	2.10
							③	0.5	1.75
							④	0.5	1.75
		特殊コンドルファ始動	RG_2	0.25		1.80		0.5	0.90
			RG_3 RE_2 RE_3	0.42		3.00	①	0.82	2.45
							②	0.79	2.10
							③	0.58	1.75
							④	0.58	1.75
巻線形電動機				1.0	0.45	2.22		0.7	1.55
電灯・差込負荷				1.0	1.00	1.0		1.0	1.0
整流装置				1.0	0.68	1.47		0.85	1.25
CVCF				1.0	0.90	1.11		0.9	1.0
エレベータ (注)(換算値)		直流サイリスタレオナード	RG_2, RE_2	0	―	0		―	0
			RG_3, RE_3	1.0	0.34	2.94		0.3	2.40
		直流 M-G	RG_2, RG_3, RE_2	1.0	0.27	3.77		0.5	1.89
			RE_3	1.0	0.40	2.52		0.85	2.14
		交流帰還	RG_2, RG_3, RE_2, RE_3	1.0	0.20	4.90		0.8	3.92
		インバータ	RG_2, RE_2	0	―	0		―	0
			RG_3, RE_3	1.0	0.34	2.94		0.8	2.40

(注) エレベータの全負荷上昇時の出力を基準とした場合の値とする．
(備考) $\cos\theta_s$ 欄で，○印を付したものは，電動機出力 (m_i) により $\cos\theta_s$ が変わるため，次のように $\cos\theta_s$ の値に対応する電動機の出力を示したものとする．

①は 5.5 kW 未満，②は 5.5 kW 以上 11 kW 未満，③は 11 kW 以上 30 kW 未満，④は 30 kW 以上

d ：ベース負荷の需要率．防災負荷がある場合 1.0 とする．

M_3 ：短時間過電流耐力を最大とする負荷の出力 [kW]

$\left(\dfrac{K_s}{Z'_m} - \dfrac{d}{\eta_b \cdot \cos\theta_b} \right) \cdot m_i$ の値が最大となる m_i を M_3 とする．

ここで，η_b ：ベース負荷の効率で一般には 0.85 とする．

$\cos\theta_b$ ：ベース負荷の力率で一般には 0.8 とする．

以上より，$i = 1$ から $i = 7$ のなかで $i = 1$ のとき

$$\left(\dfrac{0.67}{0.14} - \dfrac{1.0}{0.85 \times 0.8} \right) \times 37.0 \rightarrow 3.32 \times 37.0$$

で最大となる．したがって，$M_3 = 37.0\,\text{kW}$ となる．

したがって，短時間過電流耐力出力係数 RG_3 は，次式となる．

$$RG_3 = \left\{ 0.98 \times 1 + \left(\dfrac{1}{1.5} \times \dfrac{0.67}{0.14} - 0.98 \times 1 \right) \times \dfrac{37.0}{98.9} \right\} \times 1.0 \rightarrow 1.81$$

(4) 発電機に接続する負荷の逆相電流，高調波などにより発電機の巻線に局部発熱を生ずるが，これによる出力制限による係数 RG_4（許容逆相電流による出力係数）は，負荷が平衡しているものとして簡易的に

$$RG_4 = \dfrac{1}{K} \cdot \dfrac{1}{KG_4} \times 0.432R$$

ここで，$i = 1 \sim 7$ の m_i の負荷の中で高調波の発生負荷を $i = 2, 3, 5$ とする．

R ：高調波発生負荷の出力合計 [kW] とすると，$R = 9.5 + 15.0 + 3.0 \rightarrow 27.5\,\text{kW}$ となる．

KG_4 ：発電機の許容逆相電流による係数で，15％の逆相電流に耐えるものとされているため $KG_4 = 0.15$ とする．

したがって，次式となる．

$$RG_4 = \dfrac{1}{98.9} \cdot \dfrac{1}{0.15} \times 0.432 \times 27.5 \rightarrow 0.8$$

(5) 以上より，発電機出力係数 RG は，$RG_1 \sim RG_4$ のうち最大値を採用する．したがって，$RG = RG_3 = 1.81$ となる．

また，一般に $1.47D \leqq RG \leqq 2.2$ である．

発電機定格出力は

$$G\,[\text{kVA}] = RG \times K$$

より，次式となる．

表2.4　発電機・原動機定格（参考）防災用・一般非常用普通形

発電機 [kVA]	20, 55, 80, 100, 120, 130, 200, 220, 300, 360, 450
原動機 [kW]（ディーゼル機関）	25, 52, 72, 92, 110, 117, 188, 196, 286, 323, 390

$$G\,[\mathrm{kVA}] = 1.81 \times 98.9 \;\to\; 179.0$$

発電機および原動機の定格を選定するには表2.4を用いるとよい．ただし，メーカによりこれらの数値は若干異なるので参考値とする．

したがって，表2.4よりこの直近上位の定格の200 kVAとする．

2.3.3　原動機出力係数の算出

発電機出力係数（RE）を求めるには，以下の(1)～(3)のうち最大値をREとする．

(1) 定常時の負荷容量の合計による原動機の出力は

$$RE_1\,(定常負荷の運転時の出力係数) = 1.3D$$

ここで，D：負荷の需要率（防災負荷は1.0とする）

$D = 1.0$とすると，$RE_1 = 1.3$となる．

(2) 発電機の負荷が急変した場合，原動機が応答できず瞬間的な速度変動を生じる．この許容量により定まる出力係数をRE_2（許容回転数変動出力係数）とすると，ディーゼル機関の場合はつぎのようになる．

$$RE_2 = \left\{ 1.025 \times d + \left(\frac{1.163}{\varepsilon} \times \frac{K_s}{Z'_m} \cdot \cos\theta_S - 1.025 \times d \right) \frac{M'_2}{K} \right\} \times fv_2$$

ここで，d　　：ベース負荷の需要率（防災負荷を含む場合は1.0とする）

　　　　ε　　：電動機の無負荷投入許容量（表2.5）

　　　　$\cos\theta_s$：負荷の始動時力率（表2.3）

　　　　fv_2　：瞬時回転数低下による投入負荷減少係数．一般に0.9とする．

　　　　M'_2　：負荷投入時の回転数変動が最大となる負荷機器の出力 [kW]

M'_2がわかればRE_2が求められる．つまり

表2.5　無負荷時投入容量

原動機の種類	発電装置出力 [kW]	無負荷時投入許容量 ε
ディーゼル機関	125 以下	1.0 (0.8～1.1)
	125 を超え 250 以下	0.8 (0.6～1.1)
	250 を超え 400 以下	0.7 (0.5～1.0)
	400 を超え 800 以下	0.6 (0.5～1.0)

備考）（　）内の数値は，発電装置固有の特性の範囲を示す．

$$\left\{ \frac{K_s}{Z'_m} \cos\theta_s - (\varepsilon - a)\frac{d}{\eta_b} \right\} \cdot m_i$$

の式で，その値が最大となる m_i を M'_2 とする．

ここで，a：原動機の仮想全負荷時投入許容値（一般的には 0.25ε）

η_b：ベース負荷の効率（一般に 0.85 とする）

$i = 1 \sim 7$ の m_i の負荷の中で $i = 1$, m_1 の

$$\left\{ \frac{0.67}{0.14} \times 0.4 - (0.8 - 0.25 \times 0.8) \times \frac{1.0}{0.85} \right\} \times 37.0 \rightarrow 1.2 \times 37.0 \rightarrow 44.4$$

が最大となる．

したがって，$M'_2 = 37.0$ [kW] となり，次式となる．

$$RE_2 = \left\{ 1.025 \times 1.0 + \left(\frac{1.163}{0.8} \times \frac{0.67}{0.14} \times 0.4 - 1.025 \times 1.0 \right) \times \frac{37.0}{98.9} \right\} \times 0.9$$

$$\rightarrow 1.52$$

(3) 発電機の負荷の大きな始動電流により原動機は短時間過負荷運転状態になるが，この許容量により定まる出力係数 RE_3（許容最大出力係数）は，原動機の短時間最大出力による容量で

$$RE_3 = \frac{f_{v3}}{\gamma} \left\{ 1.368d + \left(1.163\frac{K_s}{Z'_m} \cos\theta_s - 1.368d \right) \frac{M'_3}{K} \right\}$$

ここで，f_{v3}：短時間過負荷減少係数．瞬時回転数低下，電圧降下による投入負荷が減少する．一般に 1.0 とする．

γ：原動機の短時間最大出力．一般にディーゼル機関の過負荷出力が110％，30分と定められているため $\gamma = 1.1$ とする．

d：ベース負荷の需要率．一般に $d = 1.0$ とする．

M'_3：負荷投入時に原動機出力を最大とする負荷の出力 [kW]

M'_3 がわかれば RE_3 が求められる．つまり $\left(\frac{K_s}{Z'_m} \cos\theta s - \frac{d}{\eta_b} \right) \cdot m_i$ の式で，その値が最大となる m_i を M'_3 とする．

上記の式で，η_b：ベース負荷の効率（一般に 0.85）

$i = 1 \sim 7$ の m_i の負荷の中で

・i_1 の場合 $\left(\frac{0.67}{0.14} \times 0.4 - \frac{1}{0.85} \right) \times 37.0 \rightarrow 0.73 \times 37.0 \rightarrow 27.01$

・i_2 の場合 $\left(\dfrac{1.0}{0.2} \times 0.8 - \dfrac{1}{0.85}\right) \times 11.63 \rightarrow 2.82 \times 11.63 \rightarrow 32.8$

・i_3 の場合 $\left(\dfrac{1.0}{0.34} \times 0.8 - \dfrac{1}{0.85}\right) \times 18.36 \rightarrow 1.18 \times 18.36 \rightarrow 21.7$

・i_4 の場合 $\left(\dfrac{0.67}{0.14} \times 0.5 - \dfrac{1}{0.85}\right) \times 18.5 \rightarrow 1.22 \times 18.5 \rightarrow 22.6$

・$i_5 \sim i_7$ 省略

したがって，i_2 の場合，つまり m_2 が M_3' となる．$M_3' = 11.63\,[\mathrm{kW}]$
以上の値を代入して

$$RE_3 = \dfrac{1.0}{1.1} \left\{ 1.368 \times 1.0 + \left(1.163 \times \dfrac{1.0}{0.2} \times 0.8 - 1.368 \times 1.0\right) \times \dfrac{11.63}{98.9} \right\}$$

$$= 0.91 \times \{1.74\} \rightarrow 1.59$$

(4) RE は $RE_1 \sim RE_3$ のうち最大値を採用する．したがって，$RE = RE_3 = 1.59$ となる．

一般に $1.3D \leqq RE \leqq 2.2$ であり，これより過大の場合は調整が必要である．

2.3.4 原動機出力の算出

原動機出力は，次式により算出する．

$$E = RE \cdot K \cdot C_p\,[\mathrm{kW}]$$

ここで，RE：原動機出力係数
$\quad C_p$：原動機出力補正係数（発電機出力 [kVA] が 62.5 kVA 以下のとき 1.125
$\qquad$ 62.5 kVA 以上，300 kVA 未満のとき 1.060，300 kVA 以上のとき 1.000）

以上から

$$E = 1.59 \times 98.9 \times 1.06 \rightarrow 166.7\,[\mathrm{kW}]$$

したがって，原動機出力は表 2.4 より 188 kW が妥当となる．

2.3.5 類題

発電機容量，原動機容量の計算の根拠となる各種諸元を求め，次頁の表 2.6 を完成させなさい．

表2.6 類題の表

	負荷名称	負荷機器の出力 [kW]	G_e容量計算上の出力 m_i [kW]	M_2を求めるためのA式の値	M_3を求めるためのB式の値	M_2'を求めるためのC式の値	M_3'を求めるためのD式の値	高調波発生負荷 [kW]	備 考
1	スプリンクラポンプ	30.0							Y-Δ始動
2	非常用エレベータ	7.5							交流帰還制御
3	乗用エレベータ	11.0							インバータ制御
4	排煙ファン	22.0							Y-Δ始動
5	医療機器	6.0							直入れ起動
6	非常灯	12.0							R-S, S-T, T-Rの各相間に3.3kVA, 直入れ起動
7	オイルギアポンプ	0.4							直入れ起動
負荷出力合計値 $K = \Sigma m_i$				A式の値が最大の $m_i = M2 =$	B式の値が最大の $m_i = M3 =$	C式の値が最大の $m_i = M_2' =$	D式の値が最大の $m_i = M_3' =$	合計 [kW]	

A式 $= \dfrac{K_s}{Z_m'} \times m_i$, B式 $= \left(\dfrac{K_s}{Z_m'} - \dfrac{d}{\eta_b \cdot \cos\theta_b}\right) \times m_i$,

C式 $= \left\{\dfrac{K_s}{Z_m'} \times \cos\theta_s - (\varepsilon - a) \times \dfrac{d}{\eta_b}\right\} \times m_i$, D式 $= \left(\dfrac{K_s}{Z_m'} \times \cos\theta_s - \dfrac{d}{\eta_b}\right) \times m_i$

2.4 補機類および発電機室

発電機と原動機に関連する付帯設備について，基本的な説明を行う．

2.4.1 燃料タンク

燃料タンクは主燃料タンクと燃料小出槽とがあるが，燃料の必要量が500 l 未満の場合，燃料小出槽を発電機室内に設ける．
(1) 堅牢で燃料補給等の取扱いが容易な構造となっていること．通気管を設ける．
(2) 燃料はディーゼル機関の場合は重油，軽油，ガスタービンの燃料は軽油，灯油や天然ガスなどが一般的である．
(3) 燃料消費率はディーゼル機関で $162 \,\mathrm{gr/kW \cdot h}$，ガスタービンで $368 \,\mathrm{gr/kW \cdot h}$ 程度である．
(4) 連続2時間以上運転可能であること．
(5) 発電機室内の燃料タンクは耐震対策をとること．
(6) 燃料タンク設置場所に防油堤を設ける．
(7) 危険物の指定数量の10倍または1/5以上（少量危険物）を貯蔵する場合は，規制があるため注意を要する．

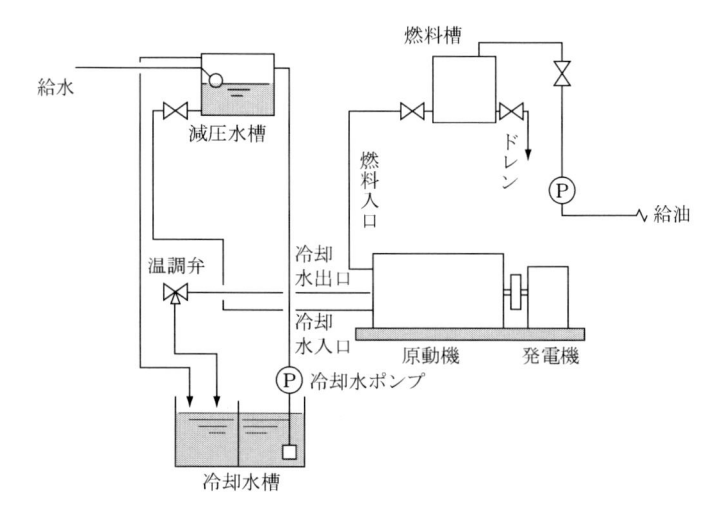

図2.2　地下水槽循環式冷却方式と燃料配管

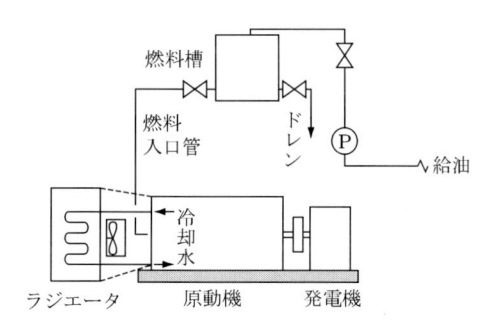

図2.3　ラジエータ冷却方式と燃料配管

2.4.2　冷却方式

冷却方式としては，空冷式と水冷式がある．
(1) ディーゼル機関はラジエータ方式または水槽循環式が一般的で，ガスタービンは空冷式である（図2.2，図2.3参照）．
(2) 水冷式は放流式，水槽循環式，クーリングタワー方式などがある．
(3) 冷却水の給水能力は発電設備の負荷連続運転に支障のないこと．

2.4.3　機関の排気

排気に伴う敷地境界での騒音規制値や排気をボイラの煙突内に放出するか，単独に煙道を屋上まで立ち上げるかにより背圧の影響を考慮する必要がある．
(1) 排気は煙突または排気管により直接外気に排出する構造とすること．

(2) 排気管は金属またはセメントなどの不燃材料を用い，木材など可燃物から 15 cm 以上離すこと．
(3) 排気口は雨水の浸入しない構造とすること．また，その排気が建物の開口部から逆に侵入することがないように配慮すること．

2.4.4 発電機室

原動機と発電機の運転に耐える基礎が必要であり，振動が建物に影響することがないよう配慮しなければならない．その他，以下について検討を要する．
(1) 不燃材料で防火的に区画された独立の室，または囲いにより区画された場所とすること．また，排気管の経路や曲がりの数が多くならない位置とすること．
(2) 発電機室の大きさは機器の搬入据付け，保守点検，分解点検などが容易な広さや高さがあること．
(3) 室内は強制換気とし，機関燃焼用の空気の補給，室温上昇の抑制，排気ガスなどの清浄などに十分な装置が必要である．
(4) 必要な照度を確保すること．
(5) 発電設備の規模に応じて消火器を設けること．
(6) 発電機や制御装置などの外箱に使用電圧に応じて接地工事を施すこと．

2.5 自家発電設備のレイアウト

今まで説明してきた自家発電設備の容量は，防災負荷主体で計算したが，実際にはその他の保安上の負荷が加えられるので，容量が若干大きくなる．例題 2.2 では，300 kVA の発電機を採用する．

【例題 2.2】

発電機室（図 2.4）内に原動機（エンジン），発電機，燃料タンク，冷却水槽，発電機盤，その他補機類を配置し，平面図，立面図を完成させなさい．ただし各機器は下記による（図 2.5）．

- 発電機の容量を 300 kVA とする．
- 原動機（エンジン）の大きさを 286 [kW] とする．
- 発電機 + 原動機の大きさ：幅：1200 mm，奥行：3100 mm，高さ：1850 mm
- （発電機 + 原動機）の基礎の大きさ：幅：2000 mm，奥行き：5000 mm
- 発電機盤の大きさ：幅：1400 mm，奥行き：800 mm
発電機盤の前面は点検用に 1500 mm 以上のスペースを確保する．

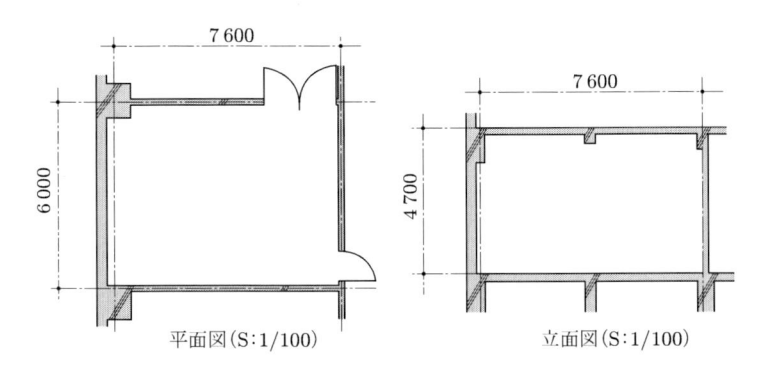

図2.4　発電機室の大きさ

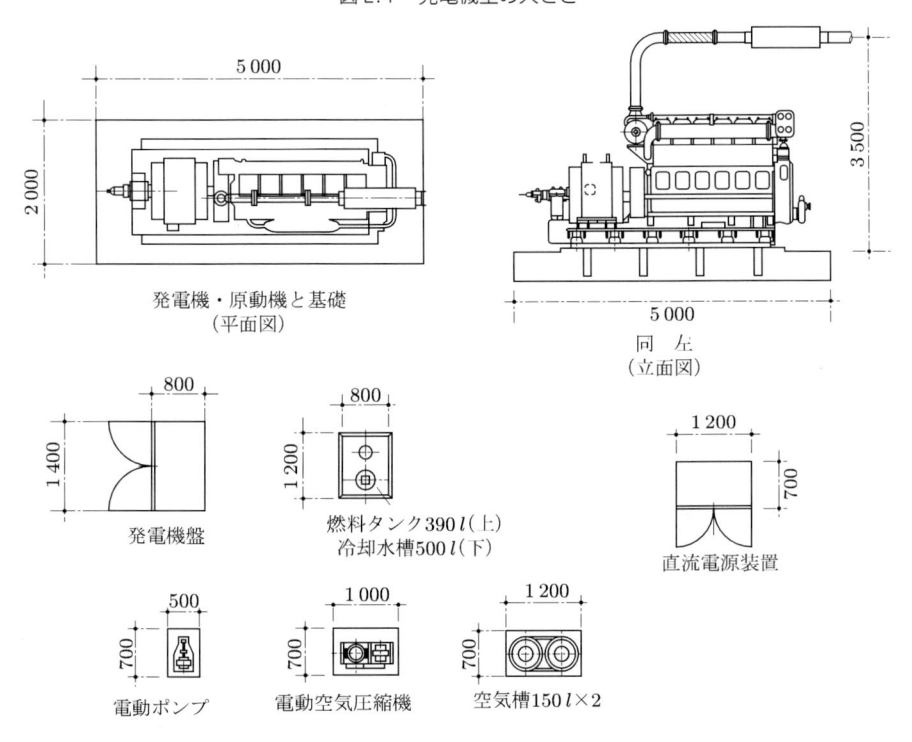

図2.5　発電機・原動機および補機類の寸法

・電動ポンプ：幅：500 mm，奥行き：700 mm
・空気圧縮機：幅：1 000 mm，奥行き：700 mm
・空気槽：幅：1 200 mm，奥行き：700 mm
・燃料タンク390 l，冷却水槽500 l，両者は2段積として上部に燃料タンク，下部に冷却水槽を設置する．幅：1 200 mm，奥行き：800 mm

2.5　自家発電設備のレイアウト ── 49

以上の各機器を発電機室に配置し，図面を完成させる．
　注）電動ポンプ，電動空気圧縮機，空気槽などはまとめて配置する．
発電機室の大きさは下記のとおりとする．
　幅：6 000 mm　　奥行き：7 000 mm　　高さ：4 500 mm とする．
なお，直流電源装置（受変電設備，非常照明兼用型）150 HA の鉛，HS 型をキュービクル収容型とし，発電機室に設置する（幅 1 200 mm，奥行き 700 mm）．

■解説
2.5.1　機器類の配置
(1) 発電機と原動機
　自家発電設備の中心となる機器類で大きさ，重量など建物への影響が大きい．特に自重や機関運転による動荷重に十分耐える強度が要求される．発電機室内に設置する場合は地中ばりなどを利用するが，基礎に振動が伝達しにくいように発電機と原動機の共通架台の下にゴムやスプリングを設けている．
　発電機室内の中心部に発電機と原動機を配置し，周囲に保守，点検のため十分なスペースを確保する．

(2) 補機類
　燃料タンク，冷却水槽，発電機盤，電動ポンプ，空気圧縮機などの補機類は発電機および原動機の周辺に一般には壁面に保守，点検に支障が無いよう配置する．その他は 2.4 節を参考とする．以上の検討を行い発電機室内機器配置図として図 2.6 に示す．

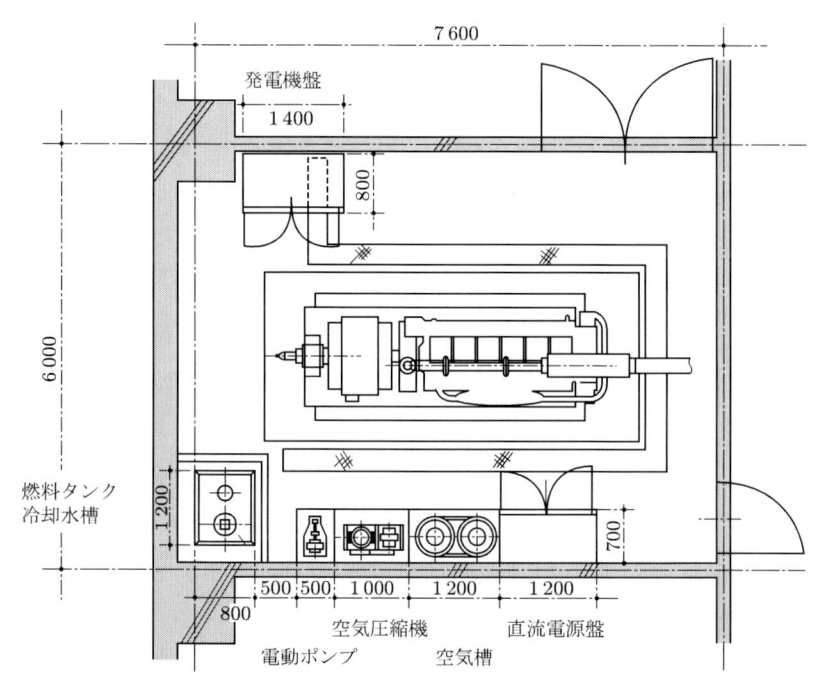

平面図(S:1/100)

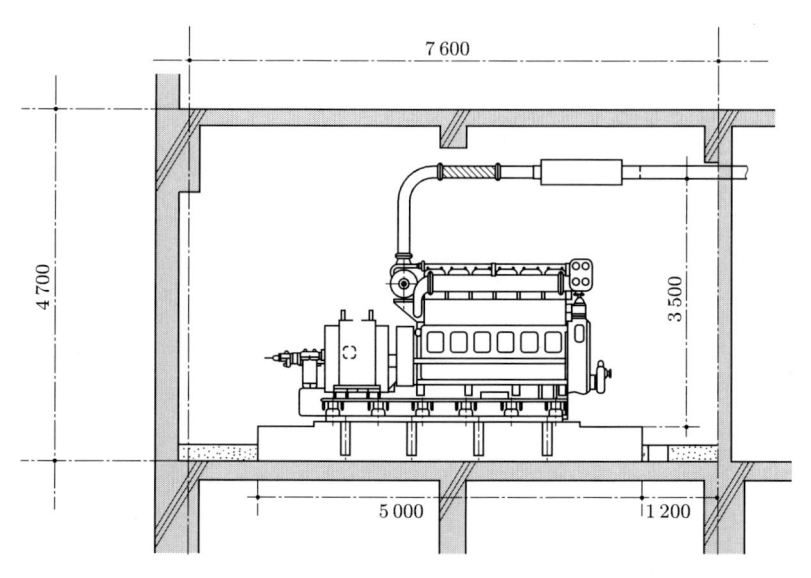

立面図(S:1/100)

図2.6　発電機室内機器配置図

2.5　自家発電設備のレイアウト ─── 51

第3章　蓄電池設備

　計画停電や事故により電力会社の商用電源の供給が断たれたとき，発電機設備とともに予備の電源として設置されるが，蓄電池設備は停電後瞬時に電源を供給できるなど信頼性が高く，防災負荷用として建基法や消防法で規定されている．ただし，発電機設備のように動力負荷を稼動させるほどのパワーは一般にはない．
　この章では，中型のビルを想定し直流電源として必要な蓄電池の種類や仕様，容量計算方法，充電器の選定および標準的な用途と負荷パターンの例題を中心に解説する．

3.1　蓄電池設備の計画上のポイント

3.1.1　用　途

建基法で規定されている非常用照明，消防法で定められている自動火災報知設備や誘導灯の防災設備の電源や受変電設備のリレー類，表示ランプ類および遮断器（CB）の操作用電源として使用される（表 3.1）．

3.1.2　種類と仕様

　蓄電池は大別して鉛蓄電池とアルカリ蓄電池があり，それぞれ以下に述べるような特徴がある．また，蓄電池は電解液を用いていることや，充電，放電をくり返すことなどから，保守・管理にも注意を払う必要がある．

（1）鉛蓄電池

1セルの起電力は約 2 V で，$2.0\,\text{V} \times 54$ セル $\to 108\,\text{V}$ のように 54 セルを組み合わせて所定の電圧を得ている．二酸化鉛を陽極に，海綿状の鉛を陰極に，また希硫酸を電解液に用いた蓄電池で，型式はクラッド型（ガラス繊維などで編んで作ったチューブの中に鉛合金を入れたもの）とペースト式（酸化鉛の微粉末を希硫酸などで練った泥状のものを蓄電池の格子状極板につめたもの）があり，クラッド式は CS 型とよび，設置費はペースト式に比べやや経済的である．

　ペースト式は HS 型で高率放電が可能で CS 型に比べると寿命がやや短く，コストはやや高めである．

（2）アルカリ蓄電池

1セルの起電力は，約 1.2 V で $1.2\,\text{V} \times 86$ セル $\to 103\,\text{V}$ で 86 セルを組み合わせて

表3.1 蓄電池の種類と特性

種類		形式	形式の意味	陽極板	陰極板	電解液	公称容量	特徴	用途
据置き鉛蓄電池	ベント形クラッド式	CS	CS：クラッド式スチロール電槽	二酸化鉛 (PbO₂)	鉛 (Pb)	希硫酸 (H₂SO₄)	10時間率 [Ah]	経済的，寿命が長い	電話，通信用機器操作用電源，防災非常電源等
	シール形クラッド式	CS-E						経済的，寿命は中程度	電話，通信用電源等
	ベント形ペースト式	PS	PS：ペースト式スチロール電槽					高率放電時特性が良経済的	防災用非常電源，CVCF無停電装置用電源，エンジン始動用等
	シール形ペースト式	PS-E							
	ベント形高率放電用ペースト式	HS	HS：高率放電 (HIGH-RATE) 用ペースト式スチロール電槽					メンテナンス不要高率放電特性が優れている	
	シール形高率放電用ペースト式	HS-E MS-E							
アルカリ蓄電池	ベント形ポケット式	AM	標準形 MEDIAM-RATE	オキシ水酸化ニッケル (NiOOH)	カドミウム (Cd)	か性カリ溶液 (KOH)	5時間率 [Ah] AHH型は1時間率	高率放電時特性が良寿命長く機械的強度大過放電に耐えるやや高価	3時間以上の放電条件に適す．坑内安全灯，船舶用，通信電話用
		AM-H	急放電形 AM と AH の中間の特性						30分以上の放電条件に適す．防災用機器操作用
		AH-P	超放電形 HIGH-RATE						30分以内の放電条件に適す．機器操作用，CVCF無停電電源装置用，エンジン始動用
		AH-S							
		AHH-S	超超急放電形 AH よりさらに急放電特性に優れている					同上高価	10分以内の放電条件に適す．エンジン始動用．CVCF無停電電源装置用，操作用
	ポケット式	AHH-P							

注 1 ベント形：鉛蓄電池では排気栓にフィルタを設けて酸霧が脱出しないようにしたもの．アルカリ蓄電池では，適当な防沫構造のある排気せんを用いて多量にアルカリ霧（ヒューム）を脱出しないようにしたもの，従来の鉛蓄電池で密閉形，アルカリ蓄電池で開放形といわれたもの．
シール形：酸あるいはアルカリ霧が脱出せずかつ使用中に補水などの保守を必要としないもの，従来の鉛蓄電池で全密閉形，アルカリ電池で密閉形といわれたもの．
2 クラッド式およびペースト式の分類は陽極板による．

3.1 蓄電池設備の計画上のポイント —— 53

使用する．

ニッケルを陽極に，カドミウムを陰極に，アルカリ水溶液を電解液に用いる．型式はポケット式（ニッケルめっきした薄鋼板の容器に活物質を入れ極板としたもの）と焼結式（金属ニッケル粉を成形し，焼結板とし，これを極板としたもの）があり，ポケット式は AM，AMH 型などがあり，耐久性に優れ寿命が長い．

焼結式は AH，AHH 型などがあり，寿命は長く，小形であることに特徴がある．

(3) 設置方法

据置き型（別置き型）と器具内蔵型があり，非常用照明器具や誘導灯は小型のアルカリ蓄電池をそれぞれの器具に内蔵している場合が多い．

(4) その他
・蓄電池の許容最低電圧は 95 V とする．
・減液警報端子，過充電警報，過放電警報などの外部警報を有効に利用すると管理上有益である．
・据置き型の蓄電池を設置する室は十分な換気を行い，架台の耐震性に留意する．

3.2 蓄電池設備計画の手順

一般の建物や施設用として，必要な蓄電池設備の計画の手順を図 3.1 に示す．

3.2.1 仕様の決定に関する注意事項

蓄電池の種類や定格を定めるのに用途を明確にし，負荷特性に合った仕様にすることと，蓄電池を設置する場所の換気，耐震性，給排水の要否などの環境にも考慮する必要がある．

(1) 用途を明確にする．
・単独の用途か，あるいは兼用かにより容量計算の負荷特性が異なる．
・受変電設備の遮断器操作用と非常照明や誘導灯などの，法的に必要な直流電源用とは別に設けることが好ましい．つまり停電の際非常用照明や誘導灯（集中設置型）の点灯後，受変電設備の操作電源が不足し，遮断器が投入できないなどの事例が発生しているためである．ただし，消防法認定の低電圧補償装置を設けたものはこの限りでない．
(2) 蓄電池室は密閉型の蓄電池であれば耐酸床仕上げは不要である．
また SK（流し）や下流しなどの給排水設備も不要であるが，いずれの機種の場合も換気設備は必要である．

直流電源を必要とする負荷の内容と容量の集計（用途の明確化）	・非常用照明，誘導灯 ・受変電設備のリレー類，表示灯 ・遮断器の操作用など	3.1 節

↓

それぞれの負荷の使用時間（法的に規制される時間や任意で定める時間）	2.1 節

↓

蓄電池の仕様を定める	・放電特性，寿命 ・キュービクル型か架台設置方式か ・保守・維持の容易さ，設置スペース ・換気設備，給排水の要・不要 ・経済比較 ・鉛蓄電池かアルカリ蓄電池か ・耐震対策の要否	3.2 節

↓

蓄電池容量の計算	3.3 節 3.4 節

↓

充電器仕様を決定する	3.6 節 3.7 節

↓

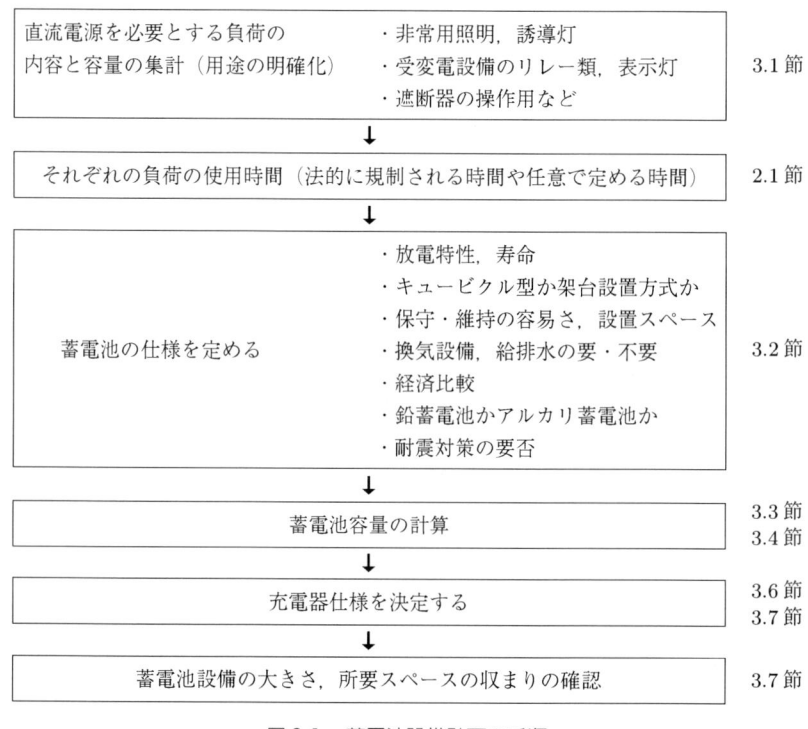

蓄電池設備の大きさ，所要スペースの収まりの確認	3.7 節

図 3.1　蓄電池設備計画の手順

(3) 充電器の入力は，一般には三相 3 線 200 V の交流入力で，整流方式はサイリスタ全自動充電方式である．

(4) 「建基法」「消防法」で定められている設備への直流電源供給であれば，蓄電池設備は法的に規制される．

3.3　容量計算

蓄電池の容量は，負荷電流の大きさと，負荷パターンにより下記の計算式を用いて算出する．（「(社) 蓄電池工業会規格 SBA 6001（据置蓄電池の容量算出法）」による．）

$$C = \frac{1}{L}[K_1 I_1 + K_2(I_2 - I_1) + K_3(I_3 - I_2) + \cdots + K_n(I_n - I_{n-1})]$$

ここで，C：周囲温度 25 ℃における定格放電率換算容量 [Ah]
　　　　L：保守率（一般には 0.8）
　　　　K：放電時間 T，蓄電池の最低温度および最低許容電圧における容量換算時間 [h]

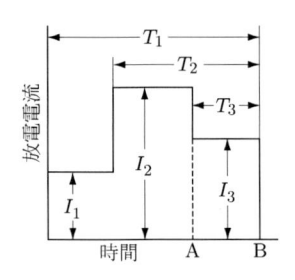

図 3.2　負荷電流パターン

　　　I：放電時間 T における放電電流 [A]

ここで，負荷電流パターンの例として図 3.2 をみてみよう．この図では，A 点および B 点で電流が減少している．したがって，A 点，B 点までに必要な蓄電池容量 C_A, C_B を求め，そのうち最大の容量が全体の負荷をまかなうのに必要な蓄電池容量と考えることができる．

3.4　蓄電池容量の計算例

　例題 3.1 では，非常用照明とその他の負荷パターンが異なる機器類に直流を供給する蓄電池の容量を求める．

【例題 3.1】

以下の条件で設置される蓄電池設備の容量を求めなさい．

(1) B1F〜9F 建てのビルで，各階の非常用照明の容量は 40 W の白熱灯で 10 台とする（40 W×10 個/階）．

(2) 蓄電池設備より各階の分電盤までの幹線は B1L, 1L, 2L, 3L, 4L の各分電盤をまかなう幹線として "DL-1" とする．したがって，"DL-1" は 2.0 kVA の容量を負担する幹線となる（"DL-1" に流れる電流は 20 A）．

　また，5L, 6L, 7L, 8L, 9L の分電盤を受け持つ幹線を "DL-2" とする．"DL-2" に流れる電流も 20 A となる．したがって，合計 40.0 A をまかなう直流電流が必要となる．

(3) 受変電設備のリレー類や表示ランプに流れる電流を 10 A とする．

(4) 停電復帰後，受変電設備の遮断器の投入に必要な電流は 30 A，時間は 0.1 分必要とする．

■解説

3.4.1 非常用照明用として必要な容量

例題 3.1 の計算の条件のうち，非常用照明として単独の蓄電池設備とした場合の容量は，図 3.3 の負荷パターンであるから

$$C = \frac{1}{L}KI = \frac{1}{0.8} \times 1.39 \times 40 = 69.5 \text{ Ah}$$

ここで，非常用照明としての放電時間：30 分
　　　　蓄電池種類：HS 形（鉛急放電型蓄電池）54 セル
　　　　許容最低電圧：95 V（1 セルでは 95 V/54 セル ＝ 1.76 V セル）
　　　　最低蓄電池温度：5 ℃
　　　　表 3.2 より，K の値は 1.39 となる．

標準的な蓄電池容量は，「JIS C 8704」「SBA5005」「SBA5006」の表 3.3 より，HS 形 80 Ah を採用する．

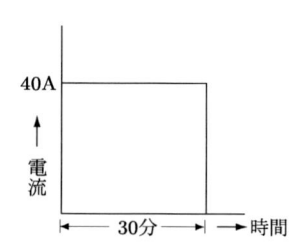

図 3.3　非常用照明の場合

表 3.2　容量換算時間 K の値

種類		鉛蓄電池				アルカリ蓄電池											
形式		HS				AMH				AH						AHH	
										200 Ah 以下				201 Ah 以上			
許容最低電圧 [V/セル]		1.76				1.10				1.10				1.10		1.10	
放電時間 [分]		0.1	0.2	10	30	0.1	0.2	10	30	0.1	0.2	10	30	0.1	0.2	10	30	0.1	0.2	10	30
温度 [℃]	25	0.60	0.60	0.80	1.25	0.56	0.60	0.85	1.18	0.24	0.26	0.51	0.85	0.30	0.32	0.52	0.85	0.17	0.17	0.32	0.62
	15	0.64	0.64	0.84	1.30	0.61	0.66	0.98	1.28	0.27	0.30	0.59	0.94	0.33	0.36	0.60	0.94	0.21	0.22	0.39	0.66
	5	0.71	0.71	0.89	1.39	0.66	0.71	1.10	1.38	0.30	0.33	0.67	1.03	0.37	0.40	0.69	1.03	0.25	0.25	0.44	0.70
	−5	0.75	0.75	0.99	1.50	0.96	1.04	1.47	1.75	0.49	0.50	0.76	1.22	0.63	0.64	0.80	1.22	0.30	0.31	0.53	0.80

表3.3 蓄電池容量（JIS C 8704, SBA 5005, SBA 5006） [Ah]

鉛蓄電池 HS（10 HR）	–	30	40	50	60	80	100	120	150	200	250	300	–	400	–	500
アルカリ蓄電池 AMH（5 HR） AH　（5 HR） AHH（1 HR）	20	30	40	50	60	80	100	120	150	200	250	300	350	400	450	500

3.4.2 非常用照明以外に必要な容量

3.4.1項と同様な条件のほかに，受変電設備のリレー類や表示ランプに流れる電流を10 A，停電復帰後，遮断器の投入に必要な電流を30 A，その時間を仮に0.1分必要とする場合，図3.4の負荷パターンとなる．

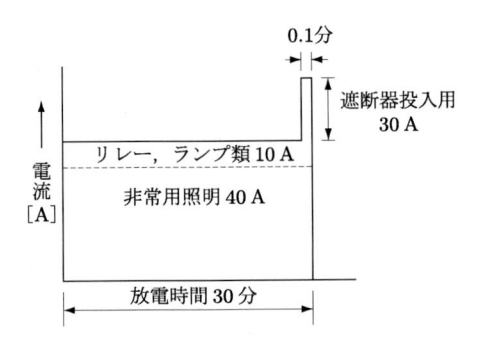

図3.4 遮断器投入などが必要な場合の負荷パターン

したがって，

$$I_1 = 非常照明用負荷（40\,\mathrm{A}）+ リレー，ランプ類（10\,\mathrm{A}）= 50\,\mathrm{A}$$

$$I_2 = I_1(50\,\mathrm{A}) + 遮断器投入用（30\,\mathrm{A}）$$

となる．蓄電池種類，許容最低電圧，最低蓄電池温度などの条件は，3.4.1項と同様とする．

蓄電池の種類をHS型（鉛急放電型蓄電池）とすると，K_1, K_2は表3.2より

$$K_1 = 1.39, \quad K_2 = 0.71$$

となる．これより

$$\begin{aligned}
C &= \frac{1}{L}\{K_1 I_1 + K_2(I_2 - I_1)\} \\
&= \frac{1}{0.8} \times \{1.39 \times 50\,\mathrm{A} + 0.71 \times (80\,\mathrm{A} - 50\,\mathrm{A})\} = 113.5\,\mathrm{Ah}
\end{aligned}$$

よって，表3.3より蓄電池の容量をHS型120 Ahとする．

3.4.3　負荷の増減がある場合の容量計算

図 3.5 において，非常用照明 40 A（30 分間点灯），ほかの防災負荷 10 A（20 分間点灯），遮断器操作用 30 A（複数台連続投入）とする．

また，蓄電池の種類が，AMH 型（アルカリポケット急放電型）86 セルの場合，許容最低電圧を 95 V（1.10 V/セル），最低蓄電池温度 5 ℃ とする．

放電時間とともに負荷電流が変化する場合は，電流が減少するまでの負荷特性ごとに区切って蓄電池容量を求める．図 3.5 では A，B，C の点で電流が減少している．つまり，それぞれの点における蓄電池容量 C_A，C_B，C_C を求め，そのうち最大の容量が全体の負荷に要する蓄電池容量である．

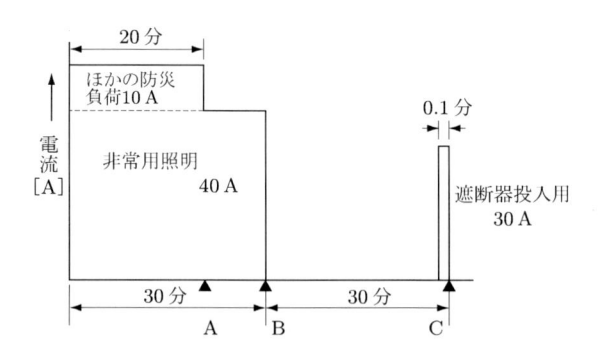

図 3.5　負荷の増減がある場合

(1) 図 3.6 の A 点における蓄電池容量 C_A を求める．

$$C_A = \frac{1}{L}(K_1 I_1) = \frac{1}{0.8}(1.24 \times 50) = 77.5 \, \text{Ah}$$

ここで，$I_1 = 50\,\text{A}$　$K_1 = 1.24$（20 分間，表 3.2 の 10 分，30 分の値から比例配分で求める）

(2) 図 3.7 の B 点における蓄電池容量 C_B を求める．

$$C_B = \frac{1}{L} \times [K_1 I_1 + K_2 (I_2 - I_1)] = \frac{1}{0.8} \times [1.38 \times 50 + 1.10(40 - 50)]$$
$$= \frac{1}{0.8} \times (69 - 11) = 72.5 \, \text{Ah}$$

ここで，$I_1 = 50\,\text{A}$，$I_2 = 40\,\text{A}$，$K_1 = 1.38$（30 分間），$K_2 = 1.10$（10 分間）

(3) 図 3.8 の C 点における蓄電池容量 C_C を求める．

$I_1 = 50\,\text{A}$　　$K_1 = 1.95$（別資料による数値）（60 分）
$I_2 = 40\,\text{A}$　　$K_2 = 1.5$（別資料による数値）（40 分）
$I_3 = 0\,\text{A}$　　$K_3 = 1.38$（30 分）表 3.2 より

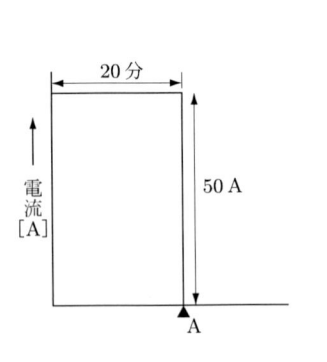

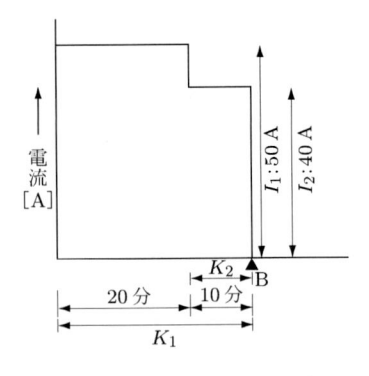

図 3.6　負荷が一定の場合

図 3.7　負荷が減少する場合

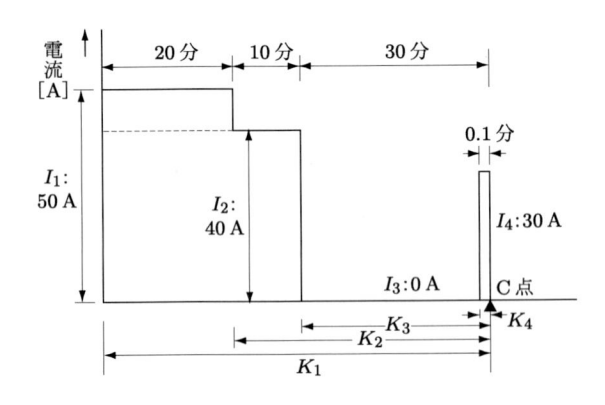

図 3.8　負荷が変化する場合

$I_4 = 30\,\text{A}$　　$K_4 = 0.66$（0.1 分）　表 3.2 より

よって

$$C_\text{C} = \frac{1}{L} \times [K_1 I_1 + K_2(I_2 - I_1) + K_3(I_3 - I_2) + K_4(I_4 - I_3)]$$

$$= \frac{1}{0.8} \times [1.95 \times 50 + 1.5\,(40 - 50) + 1.38\,(0 - 40) + 0.66\,(30 - 0)]$$

$$= \frac{1}{0.8} \times [97.5 - 15 - 55.2 + 19.8] = \frac{1}{0.8} \times 47.1 \;\to\; 58.9\,\text{Ah}$$

C_A, C_B, C_C を比較すると，$C_\text{A} = 77.5\,\text{Ah}$ が最大であり，AMH 型の 80 Ah，86 セルとする．

3.4.4　容量計算時の注意事項

蓄電池の放電時間と電流の負荷パターンにおいて，できるだけ放電の終期に大きな

放電電流が流れるように配慮するとよい．これは放電の最終期の条件が悪い場合でも，大電流を流すことが可能な容量を確保するためである．

3.5 蓄電池設備回路図例

建基法で定められている非常用照明の電源や，受変電設備の遮断器の操作や，それらの表示灯，監視や制御装置に用いられる蓄電池設備の回路結線図例を図3.9に示す．

ここで，
- ⊳|　：全自動サイリスタ整流器
- ｜｜｜｜　：蓄電池
- ✕　：配線用遮断器(MCCB)
- MgS　：電磁接触器
- 80　：過放電防止保護装置(80 V～100 Vの範囲で調整可能)（直流不足電圧継電器）
- □　：電圧補償装置
- ：トリップ警報接点付配線用遮断器

図3.9　直流電流回路結線図例

3.6 充電器

(1) 充電方式

①**全自動充電**：最近の充電器はほとんどこの方式が採用されている．充電初期の蓄電池の電圧がまだ低いときに，大電流が流れることを防ぐため自動電流制限器をつけて充電する．蓄電池放電後の再充電（回復充電）時は自動定電流と定電圧とし，充電終了後は自動的に浮動充電に切り替える．

②**浮動充電**：電池の自己放電を補うとともに，常用負荷を充電器からの電流が負担し，充電器が負担しきれない一時的な大電流負荷は蓄電池が負担する方法である．

③**均等充電**：浮動充電電圧より高い電圧で充電し，各蓄電池の不均一な充電状態を一様に充電する方法である．

④**トリクル充電**：蓄電池の自己放電容量を補うために，ごく小さな電流で充電する

方式である．
⑤回復充電：停電により蓄電池が放電した後に，つぎの非常時に備えて蓄電池を完全な充電状態にしておく必要がある．このため，停電回復後に浮動充電電圧より高い電圧で充電電流を大きくして充電する方式である．

(2) 充電器の電圧・電流
①充電器の二次側：電圧は定格電圧がDC100Vの場合はDC80V～140Vの調整可能とする．

$$電流：I = (蓄電池定格容量/A) + (常時負荷容量/定格電圧)$$

　上式で，常時負荷容量とは制御用電源や表示灯などの負荷で，定格電圧はDC100Vとする．なお，この式の前項は蓄電池の充電に必要な電流値である．
　ここで，$A = 10$（鉛蓄電池の場合）

$$A = 5 \sim 10 （アルカリ蓄電池の場合）$$

②充電器の一次側：充電器二次側の電流が10A以下なら単相100V，10Aを超えると三相200Vを選定している．

3.7　機器の収納と設置

(1) 充電器と蓄電池の収納
①充電器など：一般に充電装置，出力用過電流遮断器および配線類をキュービクルに収納する．
②蓄電池：容量200Ahを超える場合は充電器はキュービクル内，蓄電池は架台設置の別置が一般的である．容量200Ah以下の場合は充電器，蓄電池ともにキュービクルに収納される．

(2) 蓄電池の設置
①キュービクル型の場合：屋外，または専用の蓄電池室，あるいは電気室，発電機室などに設置する場合，キュービクル前面は1m以上，保守点検が必要な面（ビス止めしてある場合も含む）は0.6m以上，その他の面で換気を必要とするときは0.2m以上壁面などから離す．ただし，変圧器，発電機などの電気機器からは1m以上離隔する．
②架台型の場合：保守点検に必要な保有空間は蓄電池架台間，蓄電池と壁面間は0.6m以上とする．ただし，架台高さが1.6m以上となる場合はこの保有空間を1.0m以上とする．
　保守点検が必要でない部分の壁面との離隔距離は0.1m以上とする．

第4章 幹線設備

　受変電設備から建物内に散在する分電盤や動力制御盤までの電源供給用の配線が幹線である．大電流を流すことができるとともに信頼性の高い材料や施工が要求される．計画時点では設計上の技術面だけでなく，施工性，経済性や保守管理面からも検討することが必要である．
　したがって，この章では，材料，幹線方式，事故に対する幹線の保護，幹線サイズの決め方などを説明し，さらに幹線計画書の作成や例題をもとに幹線系統図の作成などを解説する．

4.1 幹線計画のポイント

4.1.1 幹線材料による特徴

　幹線に使用する材料は，電気的特性や安全面および施工性，経済性などを比較検討し，選定しなければならない．以下に，代表的なものの例をあげ，その特徴を説明する．

(1) ケーブル

　長尺ものが可能で中間接続が不要，施工性もよい．許容電流は絶縁電線より大きく，ケーブルラック上に布設する例が多く将来の負荷増に対応しやすい．ケーブルサイズは導体で $250\,\mathrm{mm}^2$（CVTケーブルの許容電流値で600 A程度）以下が施工性からも望ましい．CVケーブル（600 V架橋ポリエチレン絶縁ビニルシースケーブル），VVケーブル（600 Vビニル絶縁ビニルシースケーブル）や600 V架橋ポリエチレン絶縁耐燃性ポリエチレンシースケーブル（EM-CEなど）が幹線材料として使われる．

(2) 絶縁電線

　ケーブル配線工事が現在のように多く採用される以前に，中小ビルで最も一般的に採用されていた方式で導体サイズ $200\,\mathrm{mm}^2$ の絶縁電線で許容電流が，300 A程度以下が使用される．

・電線管の中に絶縁電線を引き入れて保護する．
・ケーブル工事に比べ施工に手間が多くかかる．

(3) バスダクト

　電流値の大容量のものが製作できる．短絡強度は大きく，低インピーダンスで電圧降下は小さい．定尺もので接続が必要，建屋の形状，寸法に合わせて施工される．導

体には銅やアルミが使用される．

4.1.2 幹線方式

中小ビルの場合の幹線の施設例を図 4.1 に示す．

また幹線系統の方式を図 4.2 の (a), (b), (c) の種別に分けて示す．

(a) は各階の分電盤に対しそれぞれ 1 幹線を布設する方式で，各階の床面積が多い建物や負荷密度が高い場合や，各階の使用用途が，それぞれ異なり特殊な使い方をする場合などに採用される．設置費は高いが電源の供給信頼度の面では (b) よりも好ましい．

(b) は中型あるいは小型の建物に採用される例が多く，その建物の各階の床面積，あるいは各階の電気設備の負荷がそれほど多くない場合に採用される．電源供給の信頼度は 3 階分が 1 幹線のため中程度である．

(c) は集合住宅の住戸部分の幹線として採用される例が多く，工場であらかじめ製

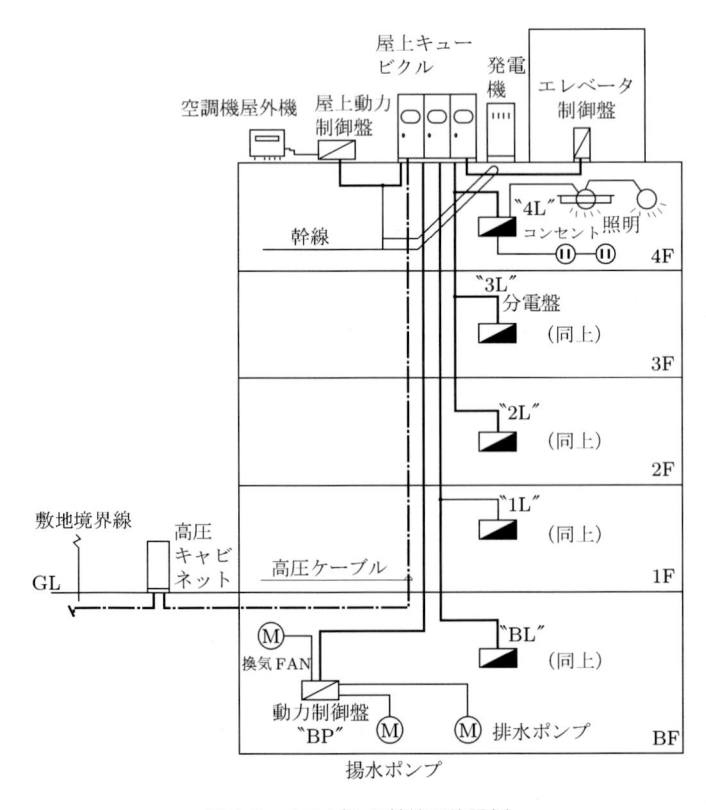

図 4.1　中小ビルの幹線の施設例

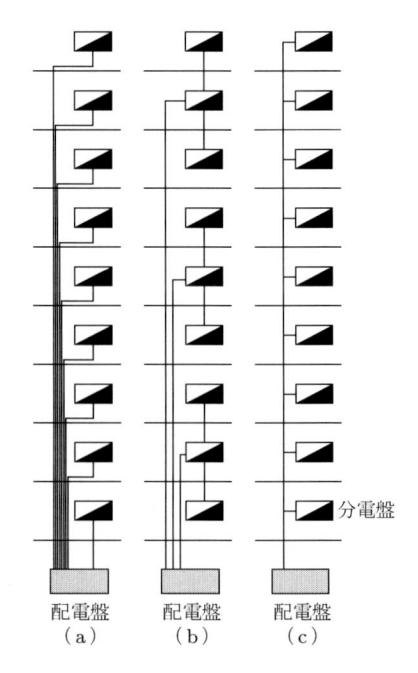

図 4.2 幹線系統の種類

作しプレハブ化することもある．マンション住戸のようにあらかじめ定型化した負荷に適する．(a)，(b)に比べコストは安いが供給信頼度はやや劣る．

4.1.3 幹線サイズ

幹線の太さは電圧降下および許容電流，需要率，将来の負荷の増加などを考慮し，かつ以下によること．

(1) 幹線の部分ごとに，その部分を通じて供給される電気使用機械器具の定格電流の合計以上の許容電流のあるもの．
(2) 上記(1)において，負荷の需要率，力率など明らかな場合は，これをもとに修正した電流値以上の許容電流のあるものとする（電技・解釈第170条）．

負荷合計（電灯および小型電気機械器具）が10 kVAを超えるものは，その超過容量に対しては表4.1の需要率を適用できる．

表4.1 幹線の需要率［内規3605節］

建 物 の 種 類	需要率（%）
住宅，寮，下宿屋，旅館，ホテル，病院，倉庫	50
学校，事務所，銀行	70

(3) 幹線に流れる電流の計算

電灯負荷による最大電流値

$$I_1 \,[\text{A}] = \frac{X\,[\text{kVA}]}{200\,[\text{V}]} \times 1\,000 \quad (単相3線100\,\text{V}/200\,\text{V})$$

動力負荷による最大電流値

$$I_2 \,[\text{A}] = \frac{Y\,[\text{kVA}]}{200\,[\text{V}] \times \sqrt{3}} \times 1\,000 \quad (三相3線200\,\text{V})$$

4.1.4 幹線の保護

幹線は電源側に過電流遮断器を施設し，その電線を保護する．つまり低圧で受電する場合は引込みの位置に過電流遮断器を設け，高圧で受電して低圧に降圧する場合は

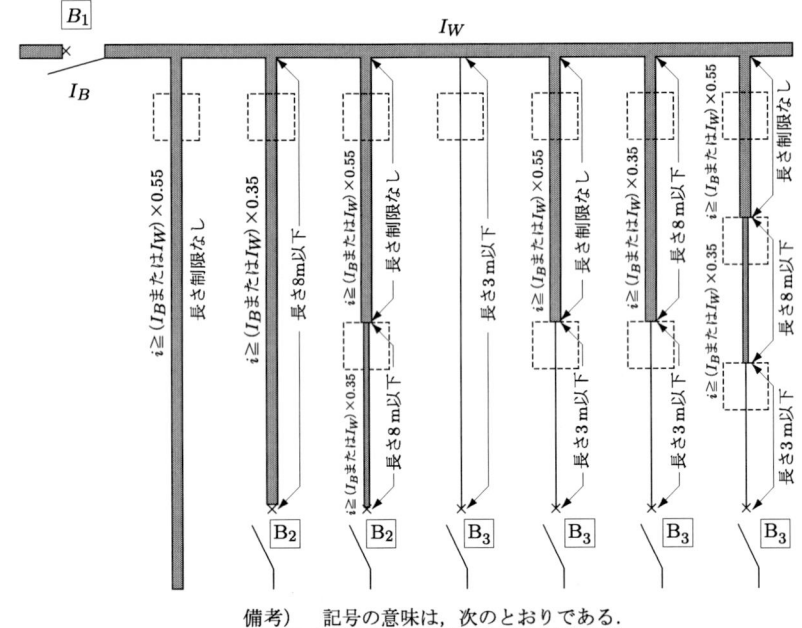

備考） 記号の意味は，次のとおりである．
- $\boxed{B_1}$：太い幹線を保護する過電流遮断器
- $\boxed{B_2}$：細い幹線を保護する過電流遮断器または分岐回路を保護する過電流遮断器
- $\boxed{B_3}$：分岐回路を保護する過電流遮断器
- $\boxed{}$：省略できる過電流遮断器
- I_B：$\boxed{B_1}$ の定格電流
- I_W：$\boxed{B_1}$ が保護する太い幹線の許容電流
- i：細い幹線の許容電流

図4.3　低圧幹線の過電流遮断器の施設（電技第56, 63条）

その変電設備の引出し口に設ける．また，幹線からほかの細い幹線を分岐する場合は，その接続箇所に細い幹線を短絡電流から保護するため，過電流遮断器を施設すること．ただし，以下の場合はこの限りではない．

(1) 細い幹線の許容電流が，その電源側に接続するほかの太い幹線を保護する過電流遮断器の定格電流の 55％以上ある場合．
(2) 過電流遮断器に直接接続する太い幹線，または(1)の細い幹線に接続する 8 m 以下の幹線であり，その許容電流が細い幹線の電源側に接続する太い幹線を保護する過電流遮断器の定格電流の 35％以上の場合．
(3) 過電流遮断器に直接接続する太い幹線，または(1)や(2)の細い幹線に接続する 3 m 以下の幹線で，その負荷側に他の幹線を接続しない場合（電技・解釈第 170 条第 4 号）（図 4.3）．

4.2　幹線設備計画の手順

幹線材料の選定と系統分けは電源の供給信頼度や工事の施工性，経済性などに影響するので特に留意すべきポイントである．図 4.4 に示す手順で十分な検討を行う．

分電盤，動力制御盤ごとの負荷を電源種別（常用，非常用，夏季動力，一般動力など）ごとに集計する．	4.3.1 項
幹線材料を選定する（施工性，経済性，信頼性，保守の容易性など考慮）．	4.1 節
幹線の系統分けを行い，おのおのの幹線が受け持つ分電盤や動力制御盤を幹線の許容電流などから想定して決める．	4.3.1 項
幹線計算書により許容電流，電圧降下などを確認し，不備な部分は修正を行う．	4.3.1 項
幹線系統図を作成する．	4.5 節

図 4.4　幹線計画のフロー

4.3　幹 線 計 画

4.3.1　幹線計算書

幹線の計画をする際，表 4.2 のような書式の幹線計算書を利用する．

表4.2　幹線計算書

幹　線　名									
負荷種別または盤名									
負荷容量	kW（動力）								
	kVA（照明等）								
需要率 [%]									
最大容量 [kVA]									
最大電流 [A]	I								
幹線の長さ [m]	L								
電圧降下 [V]	e								
電流低減率 [%]									
幹線仕様	配線の種類								
	太さ [mm²]	A							
	許容電流 [A]								
幹線を保護する過電流遮断器 $\left(\dfrac{AF}{AT}\right)$									
備　考									

（1）幹線名

　幹線名は幹線を識別または分類するのにわかりやすい記号と考えてよく，一般に電灯幹線（単相3線100 V/200 V）はGL-1，GL-2，…など，動力幹線（三相3線200 V）はGP-1，GP-2，…などとする．

　ここで，GLはgeneral（一般用の）lighting（照明）を表し，GPはgeneral（一般用の）power（動力）を示す．

（2）負荷種別または盤名

　特別な負荷名，たとえば，冷凍機用とか，エレベータ用，立駐用など負荷容量が大きく単独回線で供給する場合や，冷凍機などの夏季動力，冬季に使用する融雪設備などの季節により使用する負荷名を記入しておくとわかりやすい．

　また，それぞれの幹線が受けもつ分電盤や動力制御盤の名称や記号などを記入しておく．

　たとえば，電灯分電盤はB1L，1L，2L，3L，…など，動力制御盤はB1P-1，1P，2P，3P，…などとする．

　ここで，B1LはB1F（地下1階）のlighting（照明）の分電盤を意味し，B1P-1はB1F（地下1階）のpower（動力）の制御盤を示す．

(3) 負荷容量

電灯の負荷容量については入力換算の [kVA] 表示とし，動力に関しては，負荷出力表示の [kW] の合計値とする．入力換算は，[kW]×1.25 → [kVA] 表示とするのが一般的である．ただし，各負荷の効率，力率が明らかな場合は

$$入力 [kVA] = \frac{[kW]}{[効率] \times [力率]}$$

より求めることができる．

(4) 需要率

4.1.3 項の(2)による．ただし，集合住宅の場合を除き，将来の用途変更や改修工事などの負荷増を考慮して需要率を 100％として計算する場合もある．

(5) 最大容量

負荷容量 [kVA]×需要率 [％] → 最大容量 [kVA]　とする．

(6) 最大電流

4.1.3 項の(3)により算出する．

(7) 幹線の長さ

高圧受電などの場合は低圧の主配電盤（受電室などに施設され，供給変圧器からみて最初の配電盤）から，分岐過電流遮断器に到る配線のうち，分岐回路の分岐点から電源側の長さ L [m] をいう．低圧引込みの場合の幹線の長さは，引込み口からの長さとする．

(8) 電圧降下

(a) 電圧降下の制限

(ⅰ) 低圧配線中の電圧降下は，幹線および分岐回路において，それぞれ標準電圧の 2％以下とすること．ただし，電気使用場所内の変圧器により供給される場合の幹線の電圧降下は，3％以下とすることができる．

注1) 引込み線取付け点から引込み口までの部分も幹線に含めて計算すること．

注2) 電気使用場所内に設けた変圧器から供給する場合は，その変圧器の二次側端子から主配電盤までの部分も幹線に含める．

(ⅱ) 供給変圧器の二次側端子（電気事業者から低圧で電気の供給を受けている場合は，引込み線取付け点）から最遠端の負荷に至る電線のこう長（全体の長さ）が 60 m を超える場合の電圧降下は，前項にかかわらず，負荷電流により計算し，表 4.3 によることができる．

(b) 電圧降下の計算

(ⅰ) 中小ビルのように比較的に配線こう長が短く，また，電線が細い場合など，表

表4.3　こう長が60mを超える場合の電圧降下［内規］

供給変圧器の二次側端子又は引き込み線取付点から最遠端の負荷に至る間の電線こう長 [m]	電圧降下 [%]	
	電気使用場所内に設けた変圧器から供給する場合	電気事業者から低圧で電気の供給を受けている場合
120 以 下	5以下	4以下
200 以 下	6以下	5以下
200 超 過	7以下	6以下

表4.4　電圧降下簡易計算式［内規資料］

配電方式	電圧降下	対象電圧降下
単相2線式	$e = \dfrac{35.6 \times L \times I}{1000 \times A}$	線間
三相3線式	$e = \dfrac{30.8 \times L \times I}{1000 \times A}$	線間
単相3線式 三相4線式	$e = \dfrac{17.8 \times L \times I}{1000 \times A}$	大地間

e：電圧降下 [V]
I：負荷電流 [A]
L：線路のこう長 [m]
A：使用電線の断面積 [mm^2]

　皮効果や近接効果などによる導体抵抗値の増加分やリアクタンス分を無視してもさしつかえない場合は，表4.4の計算式により電圧降下値を計算することができる．

(ⅱ) 集合住宅の幹線など，電線こう長が長く，大電流を扱う場合には，以下の計算式により電圧降下値を計算することが望ましい．

$$電圧降下\ e = K_i I [R\cos\theta_r + X\sin\theta_r] \cdot L$$

ここで，e：電圧降下 [V]
　　　　K_i：電気方式による係数（表4.5による）
　　　　I：負荷電流
　　　　R：線路の交流導体抵抗 [Ω/km]
　　　　X：線路のリアクタンス [Ω/km]
　　　　$\cos\theta_r$：負荷端力率
　　　　L：線路のこう長 [km]

表4.5 電気方式による係数

電気方式	K_i	備 考
単相2線方式	2	線 間
単相3線方式	1	大地間
三相3線方式	$\sqrt{3}$	線 間
三相4線方式	1	大地間

(9) 電流低減率

ケーブルなどを気中や暗渠で多数布設する場合は，その配列方法で温度上昇により許容電流が低減するがその低減率は，表4.6による．

表4.6 ケーブルの配列による許容電流低減率 [%]（JCS-0168-1）

ケーブル間隔	段数	1				2					3			
	列数	1	2	3	6	7~20	2	3	4	5	6	7	8~20	3	4	5	6	20
外径と同じ		100	85	80	70	70	70	60	60	56	53	51	50	48	41	37	34	30
外径の2倍		100	95	95	90	80	90	90	85	73	72	71	70	80	80	68	66	60
外径の3倍		100	100	100	95	−	95	95	90	−	−	−	−	85	85	−	−	−

(10) 配線の種類

600Vビニル絶縁電線（IV電線）や，600V耐燃性ポリエチレン絶縁電線（EM-IE）を電線管，金属ダクト，フロアダクト，セルラダクトなどに引き入れて配線する方法や，600Vビニル絶縁ビニルシースケーブル（VV），600Vポリエチレン絶縁耐燃性ポリエチレンシースケーブル（EM-EE）や600V架橋ポリエチレン絶縁ビニルシースケーブル（CV），600V架橋ポリエチレン絶縁耐燃性ポリエチレンシースケーブル（EM-CE）などをケーブルラック上に布設する気中暗渠布設や直埋布設，管路布設などの工事により使用される配線の種類を記入する．

(11) 幹線の太さ

幹線の導体の断面積 [mm^2] を表す．

(12) 許容電流

配線の種別，周囲温度，布設方法などに影響される（表4.7，4.8，4.9）．

(13) 幹線を保護する過電流遮断器

最大電流 I [A] や，過電流遮断器の定格などから選定する．

表4.7　600 V VVケーブル配線およびIV電線を電線管などに収めるときの許容電流［内規2004］

VVケーブル配線，金属管配線，合成樹脂管配線，金属製可とう電線管配線，金属線ぴ配線，合成樹脂線ぴ配線，金属ダクト配線，フロアダクト配線及びセルラダクト配線などに適用する．
　この場合において，金属ダクト配線，フロアダクト配線及びセルラダクト配線については，電線数「3以下」を適用する．

（周囲温度30℃以下）

導体 単線・より線の別	電線種別 直径又は公称断面積	VVケーブル3心以下	IV電線を同一の管，線ぴ又はダクト内に収める場合の電線数					
			3以下	4	5〜6	7〜15	16〜40	41〜60	61以上
単線 [mm]	1.2	(13)	(13)	(12)	(10)	(9)	(8)	(7)	(6)
	1.6	19	19	17	15	13	12	11	9
	2.0	24	24	22	19	17	15	14	12
	2.6	33	33	30	27	23	21	19	17
	3.2	43	43	38	34	30	27	24	21
より線 [mm²]	5.5	34	34	31	27	24	21	19	16
	8	42	42	38	34	30	26	24	21
	14	61	61	55	49	43	38	34	30
	22	80	80	72	64	56	49	45	39
	38	113	113	102	90	79	70	63	55
	60	150	152	136	121	106	93	85	74
	100	202	208	187	167	146	128	116	101
	150	269	276	249	221	193	170	154	134
	200	318	328	295	262	230	202	183	159
	250	367	389	350	311	272	239	217	189
	325	435	455	409	364	318	280	254	221
	400	—	521	469	417	365	320	291	253
	500	—	589	530	471	412	362	328	286

備考）　VVケーブルを屈曲がはなはだしくなく，2 m以下の電線管などに収める場合も，VVケーブル3心以下の欄を適用する．

表4.8　ケーブルラック配線の場合のケーブル許容電流 [A]
600 V低圧ケーブル（EM-CET）1条布設

導体	mm²	14	22	38	60	100	150	200	250	325
許容電流	A	86	110	155	210	290	380	465	536	635
基底温度	℃	40								
最高許容温度	℃	90								

第4章　幹線設備

表 4.9　600 V CV ケーブルの許容電流値

(JCS168-1 による)（単位：A）

布設条件 公称断面積 [mm²]	空中, 暗きょ布設 単心2個より1条布設	空中, 暗きょ布設 単心3個より1条布設	直接埋設布設 単心2個より1条布設	直接埋設布設 単心3個より1条布設	管路引入れ布設 単心2個より2孔1条布設	管路引入れ布設 単心3個より2孔1条布設
8	66	62	80	77	66	59
14	91	86	120	100	90	81
22	120	110	155	130	115	105
38	165	155	210	180	160	145
60	225	210	270	230	210	185
100	310	290	360	305	285	250
150	400	380	450	380	360	320
200	490	465	525	445	430	380
250	565	535	590	500	490	430
325	670	635	675	570	570	500
400	765	725	750	635	635	560
500	880	835	830	705	715	645
基底温度	40 ℃	40 ℃	25 ℃	25 ℃	25 ℃	25 ℃
導体温度	90 ℃	90 ℃	90 ℃	90 ℃	90 ℃	90 ℃

4.4　幹線の計算例

例題 4.1 では，電灯・コンセントおよび動力用幹線のサイズを計算により求める．

【例題 4.1】

以下の条件で電灯・コンセント幹線 GL-1, GL-2, GL-3 および動力用幹線 GP-1, GP-2, GP-3 の幹線計算書を作成せよ．

〈計算の条件〉

(1) 電灯・コンセント用幹線

(a) "1L-1", "1L-2" の負荷容量 43.0 kVA，幹線番号 GL-1

　　屋上キュービクルの低圧配電盤～"1L-1"間の距離 37.0 m

(b) "2L-1-1" と "2L-1-2" の負荷容量 36.0 kVA，幹線番号 GL-2

　　屋上キュービクルの低圧配電盤～"2L-1-1"間の距離 30.0 m

(c) "3L-1-1" と "3L-1-2" の負荷容量 31.0 kVA，幹線番号 GL-3

　　屋上キュービクルの低圧配電盤～"3L-1-1"間の距離 27.0 m

(2) 動力用幹線
- (a) "B2P-1" と "B2P-2" の負荷容量 38 kW, 幹線番号 GP-1
  屋上キュービクルの低圧配電盤〜B2F の幹線の分岐点までの距離 51.0 m
- (b) "B2PL-1" の負荷容量 50 kW, 幹線番号 GP-2
  屋上キュービクルの低圧配電盤〜"B2PL-1" 間の距離 60.0 m
- (c) "6P-1" の負荷容量 54 kW, 幹線番号 GP-3
  屋上キュービクルの低圧配電盤〜"6P-1" 間の距離 20.0 m

(3) それぞれの幹線の電圧降下は 3%以下とする.

■解説

幹線設備計画の手順（4.2節）に従い，照明，コンセント，動力負荷の幹線ごとに配線材料を選定し，それぞれが受け持つ負荷容量 [kVA] に対し需要率 [%] を定め最大容量 [kVA] を計算する．つぎに最大容量に対する電流値 [A] を求め，それに見合う許容電流 [A] をもつ配線サイズを選定し，さらに幹線の長さにより電圧降下をチェックし不足であれば上位のサイズの幹線を採用する．

以上の結果をまとめたものが，表 4.10 である．

表 4.10 幹線計算書

幹線名		GL-1	GL-2	GL-3	GP-1	GP-2	GP-3
負荷種別または盤名		1L-1 1L-2	2L-1-1 2L-1-2	3L-1-1 3L-1-2	B2P-1 B2P-2	B2PL-1	6P-1
負荷容量	電力 [kW]				38.0	50.0	54.0
	照明等 [kVA]	43.0	36.0	31.0			
需要率 [%]		100	100	100	100	60	100
最大容量 [kVA]		43.0	36.0	31.0	47.5	37.5	67.5
同上電流 I [A]		215.0	180.0	155.0	137.3	108.4	195.0
幹線の長さ L [m]		37.0	30.0	27.0	51.0	60.0	20.0
電圧降下 [V]		1.4	1.6	1.2	3.6	5.3	2.1
電流低減率 [%]		80	80	80	80	80	80
幹線仕様	配線の種類	EM-CET	EM-CET	EM-CET	EM-CET	EM-CET	EM-CET
	太さ [mm^2]	100	60	60	60	38	60
	許容電流 [A]	290	210	210	210	155	216
幹線を保護する過電流遮断器 (AF/AT)		225AF/ 225AT	225AF/ 200AT	225AF/ 200AT	225AF/ 200AT	225AF/ 175T	400AF/ 350AT
備考						厨房動力	屋外機

4.5 幹線系統図の作成

4.5.1 系統図作成の手順

例題4.1で作成した幹線計算書を基に分電盤，動力制御盤など立面図に配置し，それぞれに幹線を接続し，系統図を作成する．
(1) 建築の断面図より階数，階高などを書き入れた枠組みを作る．
(2) 受変電設備（開放型またはキュービクル型），高圧キャビネット，自家発電設備，

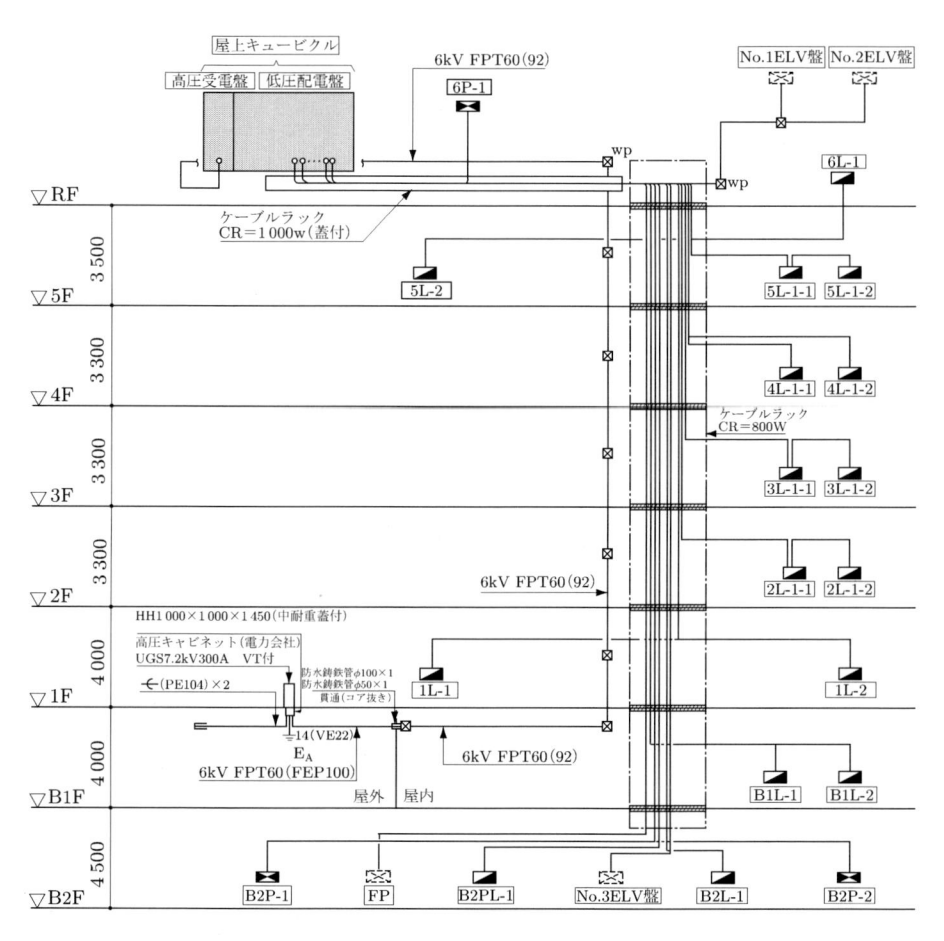

注）
・ケーブルラックには接地線を布設すること．
・屋上の配管材は溶融亜鉛メッキ塗装とする．
・▨▨▨は防火区画貫通処理(BCJ工法)を示す．

図4.5　幹線系統図例

4.5　幹線系統図の作成 ── 75

直流電源装置，各階の分電盤や動力制御盤，エレベータ制御盤，監視盤（警報盤）各種水槽（受水槽，高置水槽，排水槽，汚水槽，湧水槽など）を(1)で用意した図に書き込む．
(3) 敷地内に設置した電力会社が用意する高圧キャビネット（または構内第1柱の区分開閉器）より受変電設備まで6kV高圧ケーブルを記入する．
(4) 幹線計算書により計算した幹線を受変電設備より，それぞれの分電盤，動力制御盤まで各幹線ごとに記入していく．また幹線番号，幹線サイズを記入する．
(5) 各種水槽の水位レベル検出用やポンプ，ファン，空調機などの負荷の制御用配線を記入する．

4.5.2 EPS内詳細図

幹線の立上げ，立下げをEPS（電気用シャフト）内で行い，かつ分電盤や弱電，通信，防災用のケーブルラックや端子盤などを同一場所に設置することが多い．したがって，狭いスペースに整然と配置し，施工や保守管理が容易に行えるよう計画することがポイントとなる．

幹線を設置するEPS内の基準階の詳細図例を，図4.6，4.7に示す．

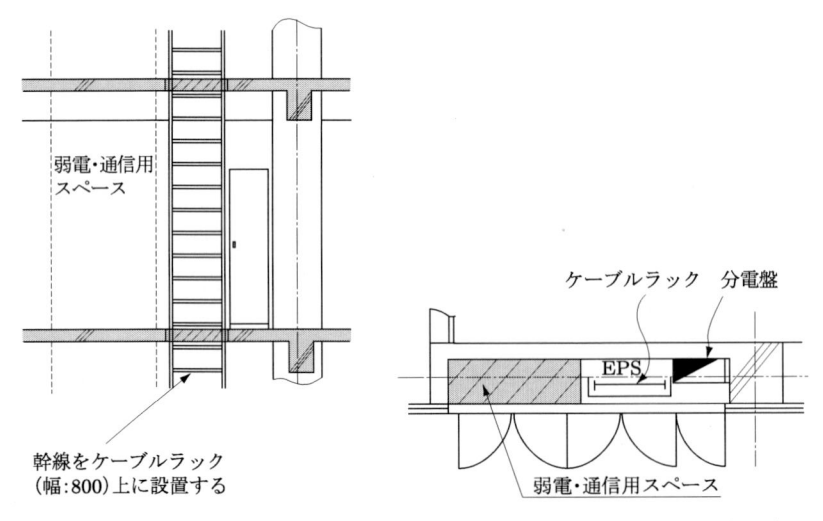

図4.6　幹線設備EPS内詳細図（立面）　　図4.7　幹線設備EPS内詳細図（平面）

第 5 章　動力設備

空調に使用される冷凍機，空気調和機，冷水ポンプ，冷却水ポンプ，クーリングタワーや給・排水衛生設備のポンプ類および防災負荷のスプリンクラポンプ，屋内消火栓ポンプなど，さらにエレベータ，エスカレータなどはその動力源として電動機を使用している．動力設備は，それらの電動機に動力制御盤以降の電力を供給するための配線と，運転・停止の遠隔指令や状況の監視などを行う設備である．

この章では，動力設備の計画上のポイントの他動力制御盤の結線図例，制御盤表の作成および動力配線図について解説する．

5.1　動力設備計画のポイント

建物や施設の規模が大きくなると，それに比例してポンプやファンなどの動力負荷の数は増加する．これらの運転・制御や監視方式を決めることや，制御盤の設置位置などを経済性や保守管理面より定めることなどがポイントになる．制御盤以降の配線については以下による．

(1) 200 V 三相誘導電動機 1 台の場合は，分岐回路の配線の太さと器具の容量は表 5.1 による．ただし，エレベータ，空調機，冷凍機などの特殊な用途の電動機や，インバータを使用した電動機を利用する動力設備を設置する場合は，その電動機や機器の銘板に表示された定格電流，特性および使用方法を基準とする．
(2) 200 V 三相誘導電動機の 2 台以上に電源を供給するための配線および配線用遮断器などの容量は，表 5.2 による．

5.2　動力負荷の種類

一般の建築物の動力負荷の分類と，それらに属する負荷の種類と名称を表 5.3（80 ページ）に示す．

5.3　動力設備計画の手順

実施設計段階で空調，給排水設備などの個々の負荷が決まると，図 5.1（80 ページ）

表5.1　200 V 三相誘導電動機 1 台の場合の分岐回路（配線用遮断器の場合）

定格電力 [kW]	全負荷電流（規約電流）[A]	配線の種類による電線太さ（銅線） 電線管，線ぴに3本以下の電線を収める場合およびVVケーブル配線など 最小電線	最大こう長	CVケーブル配線 最小電線	最大こう長	過電流遮断器（配線用遮断器）[A] じか入れ始動	始動器使用（スターデルタ始動）	接地線の最小太さ
0.2	1.8	1.6 mm	144 m	2 mm²	144 m	15	—	1.6 mm
0.4	3.2	1.6	81	2	81	15	—	1.6
0.75	4.8	1.6	54	2	54	15	—	1.6
1.5	8.0	1.6	32	2	32	30	—	1.6
2.2	11.1	1.6	23	2	23	30	—	1.6
3.7	17.4	2.0	23	2	15	50	—	2.0
5.5	26.0	5.5 mm²	27	3.5	17	75	40	5.5 mm²
7.5	34.0	8	31	5.5	20	100	50	5.5
11.0	48.0	14	37	14	37	125	75	8
15.0	65.0	22	43	14	28	125	100	8
18.5	79.0	38	61	22	36	125	125	8
22.0	93.0	38	51	22	30	150	125	8
30.0	124.0	60	62	38	39	200	175	14
37.0	152.0	100	86	60	51	250	225	22

〔備考〕　最大こう長は，末端までの電圧降下を 2 % とした．　　　　〔内規 3705-1 表より〕

の手順で制御監視方法を定め，動力制御盤表や動力平面図を作成する．

5.4　電動機の始動装置

　建築設備として使用されている動力負荷の動力源には，圧倒的に三相誘導電動機が採用されているが，この電動機は始動時に定格電流の 7，8 倍の電流が流れ，同一系統の電源に接続されているほかの負荷に電圧降下の悪影響を与える．したがって，これを抑制するため始動装置を設ける．
　定格出力が 3.7 kW を超える三相誘導電動機は，始動電流を制御するため始動装置

表 5.2 200 V 三相誘導電動機の幹線の太さおよび器具の容量（配線用遮断器の場合）

電動機 kW 数の総和① kW 以下	最大使用電流① [A] 以下	がいし引き配線 最小電線 mm	がいし引き配線 最大こう長 m	電線管、線ぴに3本以下の電線を収める場合および VV ケーブル配線など 最小電線 mm²	電線管、線ぴに3本以下の電線を収める場合および VV ケーブル配線など 最大こう長 m	CV ケーブル配線 最小電線 mm²	CV ケーブル配線 最大こう長 m	直入始動 0.75以下	直入始動 1.5	直入始動 2.2	直入始動 3.7	直入始動 5.5	直入始動 7.5	直入始動 11	スターデルタ始動 15	スターデルタ始動 18.5	スターデルタ始動 22	スターデルタ始動 30	スターデルタ始動 37	スターデルタ始動 45	スターデルタ始動 55
3.0	15	1.6	16	1.6	16	2	16	20	30	30	–	–	–	–	–	–	–	–	–	–	–
4.5	20	1.6	13	2.0	20	2	13	30	30	40	50	–	–	–	–	–	–	–	–	–	–
6.3	30	2.0	13	5.5 mm²	23	5.5	24	40	40	40	50	75 40	–	–	–	–	–	–	–	–	–
8.2	40	5.5 mm²	17	8	26	8	26	50	50	50	60	75 50	100 50	–	–	–	–	–	–	–	–
12.0	50	8	21	14	35	14	36	75	75	75	75	75 75	100 75	–	–	–	–	–	–	–	–
15.7	75	14	24	22	39	14	24	100	100	100	100	100 100	100 100	125 100	125 100	–	–	–	–	–	–
19.5	90	22	31	38	53	22	31	125	125	125	125	125 125	125 125	125 125	125 125	150 125	–	–	–	–	–
23.2	100	22	28	38	47	22	28	125	125	125	125	125 125	125 125	125 125	125 125	125 125	175 125	–	–	–	–
30.0	125	38	38	38	62	38	38	175	175	175	175	175 175	175 175	175 175	175 175	175 175	175 175	200 175	–	–	–
37.5	150	38	31	60	50	60	52	200	200	200	200	200 200	200 200	200 200	200 200	200 200	200 200	200 200	225 200	–	–
45.0	175	60	44	60	75	60	44	225	225	225	225	225 225	225 225	225 225	225 225	225 225	225 225	225 225	225 225	300 300	–
52.5	200	60	38	100	64	100	65	250	250	250	250	250 250	250 250	250 250	250 250	250 250	250 250	250 250	250 225	300 300	–
63.7	250	100	52	100	78	100	52	350	350	350	350	350 350	350 350	350 350	350 350	350 350	350 350	350 350	350 350	350 350	400 350
75.0	300	150	66	150	82	150	66	400	400	400	400	400 400	400 400	400 400	400 400	400 400	400 400	400 400	400 400	400 400	400 350
86.2	350	150	56	250	92	200	74	500	500	500	500	500 500	500 500	500 500	500 500	500 500	500 500	500 500	500 500	500 500	500 500

容量 [A]   じか入始動……上欄の数字
          スターデルタ始動……下欄の数字

[備考 1] 最大こう長は、末端までの電圧降下を 2% とした。
[備考 2] 「電線管、線ぴに 3 本以下の電線を収める場合」とは、金属管（線ぴ）配線および合成樹脂管（線ぴ）配線および VV ケーブル配線などをいう。金属ダクト、フロアダクトまたはセルラダクト配線および VV ケーブル配線において心線数が 3 本以下のものを 1 条施設する場合（VV ケーブルを 2 m 以下の電線管などに収める場合を含む）配線において同一管内に 3 本以下の電線を収める場合。屈曲がはなはだしくなく、2 m 以下の電線管などに収める場合を含む。
[内規 3705-4 表]

5.4 電動機の始動装置 ———— 79

表5.3 動力設備の分類

分類	負荷の種類
給排水・衛生動力	給排水ポンプ，揚水ポンプ，排水ポンプ，汚水ポンプ，湧水ポンプなど
空調・換気動力	冷凍機，冷水ポンプ，冷却水ポンプ，クーリングタワーファン，空調機ファン，給・排気ファンなど
搬送用動力	エレベータ，エスカレータ，小荷物専用昇降機，カーリフト，ターンテーブルなど
非常用動力	排煙ファン，消火ポンプ，スプリンクラポンプ，非常用エレベータ，排水ポンプなど
その他	工場動力，医療用動力，事務機器用動力（電子計算機など），厨房用動力など

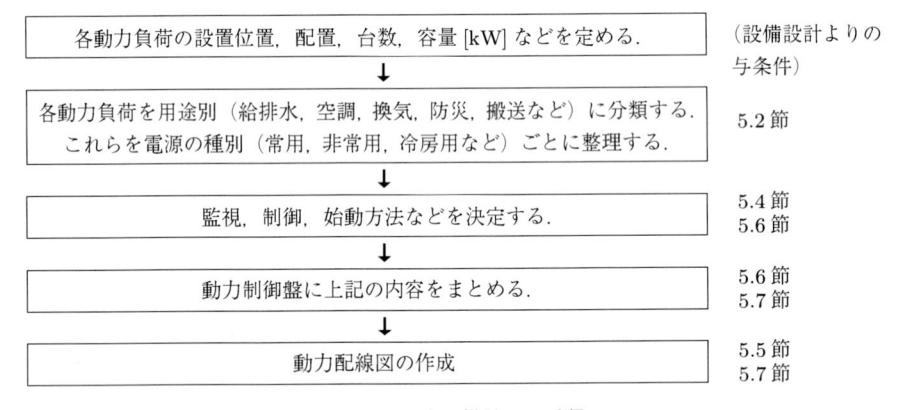

```
┌─────────────────────────────────────────┐
│ 各動力負荷の設置位置，配置，台数，容量[kW]などを定める． │    （設備設計よりの
└─────────────────────────────────────────┘     与条件）
                    ↓
┌─────────────────────────────────────────┐
│ 各動力負荷を用途別（給排水，空調，換気，防災，搬送など）に分類する． │  5.2節
│ これらを電源の種別（常用，非常用，冷房用など）ごとに整理する．      │
└─────────────────────────────────────────┘
                    ↓
┌─────────────────────────────────────────┐
│ 監視，制御，始動方法などを決定する．              │  5.4節
└─────────────────────────────────────────┘     5.6節
                    ↓
┌─────────────────────────────────────────┐
│ 動力制御盤に上記の内容をまとめる．               │  5.6節
└─────────────────────────────────────────┘     5.7節
                    ↓
┌─────────────────────────────────────────┐
│ 動力配線図の作成                          │  5.5節
└─────────────────────────────────────────┘     5.7節
```

図5.1 動力設備計画の手順

を使用する．ただし，以下の場合は始動装置を省略することができる．

① 特殊かご形の電動機で定格出力11kW未満のもの．
② 特殊かご形の電動機で，定格出力11kW以上のもので著しい電圧変動を与えるおそれがないもの．
③ 契約電力80kW以上の需要場所で，契約電力の1/10以下の出力の電動機を使用する場合など．

5.5 分岐回路の配線，過電流遮断器

幹線から分岐する分岐回路を短絡などの事故電流から保護するため，過電流遮断器を設けなければならない．また，その過電流遮断器の選定などは，下記のとおり定め

I_B(幹線の過電流遮断器の定格電流)

分岐回路の許容電流がI_Bの
55％以上の場合は長さに制限なし

分岐回路の許容電流がI_Bの
35％以上55％未満の場合は8m以下

分岐回路の許容電流がI_Bの
35％未満の場合は3m以下

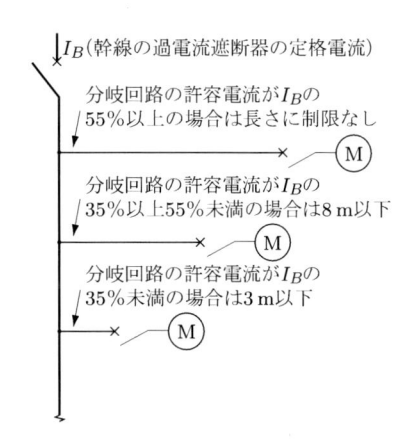

図5.2 電気機械器具の分岐回路

られている（電技・解釈第171条第1号）．
(1) 電動機などの電気使用機械器具に低圧屋内幹線から分岐して，それに至る分岐回路は以下による（図5.2）．
 (a) 幹線の分岐点から，その電気使用機械器具に到る配線の長さが3m以下の箇所に開閉器および過電流遮断器を施設すること．
 (b) 分岐点から開閉器および過電流遮断器までの定格電流の55％（分岐点から開閉器，および過電流遮断器までの電線の長さが8m以下の場合は35％）以上である場合は分岐点から3mを超える箇所に設置できる．
(2) 電動機に電気を供給する分岐回路の過電流遮断器の選定は以下による．
 (a) 過電流遮断器の定格電流は，電動機の定格電流の3倍（電動機の定格電流が50Aを超える場合は2.75倍）にほかの電気使用機械器具の定格電流の合計を加えた値以下で，かつ電動機の始動電流により動作しない定格のものであること．
 (b) 分岐回路の電線の許容電流が100Aを超える場合で，(a)で算出した値が過電流遮断器の標準の定格に該当しないときは，その値の直近の上位とする．
(3) 電動機の分岐回路の配線の太さ
 (a) 電動機に供給する分岐回路の配線は，過電流遮断器の定格電流の1/2.5（40％）以上の許容電流を有するものとする．
 (b) 電動機を単独で連続運転する場合の分岐回路の配線の許容電流は以下による．
 (ⅰ) 電動機などの定格電流が50A以下の場合は，その定格電流の1.25倍以上の許容電流のあるものとする．

$$I_M \leqq 50\,\text{A のとき}\ I \geqq 1.25 I_M$$

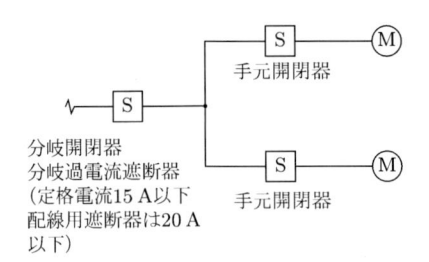

図 5.3　15 A 分岐回路または 20 A 配線用遮断器の分岐回路の例

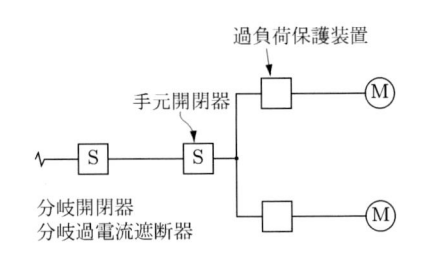

図 5.4　電動機の各々に過負荷保護が設けてある場合の例

　　ここで，I_M：電動機の定格電流
　　　　　　I　：分岐回路配線の許容電流
(ii) 電動機などの定格電流が 50 A を超える場合は，その定格電流の 1.1 倍以上の許容電流のあるものとする．

$$I_M > 50\,\text{A} \text{ のとき } I \geqq 1.1 I_M$$

(4) 複数の電動機の分岐回路

電動機は，1 台ごとに専用の分岐回路を設けて施設する．ただし，以下の場合はこの限りでない．

(a) 15 A の分岐回路または 20 A 配線用遮断器分岐回路において使用する場合（図 5.3）．

(b) 2 台以上の電動機でそのそれぞれに，過負荷保護装置を設けてある場合など（図 5.4）．

5.6　動力制御盤図

各動力負荷，たとえば揚水ポンプ，排水ポンプ，消火ポンプ，給気ファンなどの制御回路図を図 5.5 に，動力制御盤表を表 5.4（85 ページ）に示す．

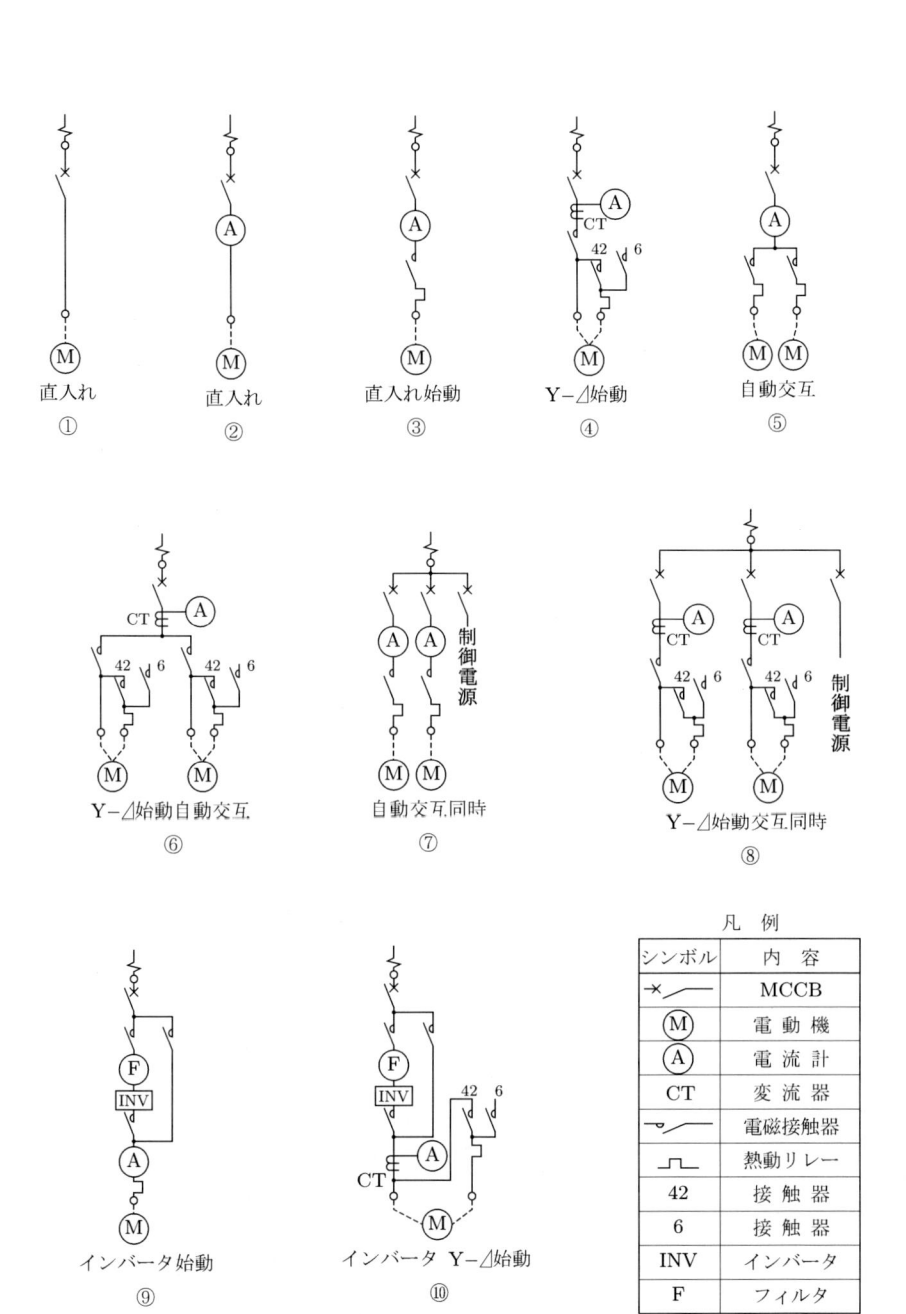

図 5.5　動力制御盤主回路結線図

① 直入れ
② 直入れ
③ 直入れ始動
④ Y-Δ始動
⑤ 自動交互
⑥ Y-Δ始動自動交互
⑦ 自動交互同時
⑧ Y-Δ始動交互同時
⑨ インバータ始動
⑩ インバータ Y-Δ始動

凡例

シンボル	内容
⟶✗	MCCB
Ⓜ	電動機
Ⓐ	電流計
CT	変流器
⟍	電磁接触器
⊔	熱動リレー
42	接触器
6	接触器
INV	インバータ
F	フィルタ

5.7 動力設備の設計例

例題5.1では，ファンやポンプなどの動力負荷への配線方法と動力制御盤を作成する．

【例題 5.1】

図5.6の駐車場と機械室に給気ファン，排気ファン，排水ポンプ，消火ポンプ等が設置されている．床下は一部排水槽と消火水槽が設けられている．この図をもとに動力制御盤表と動力配線図を作成しなさい．

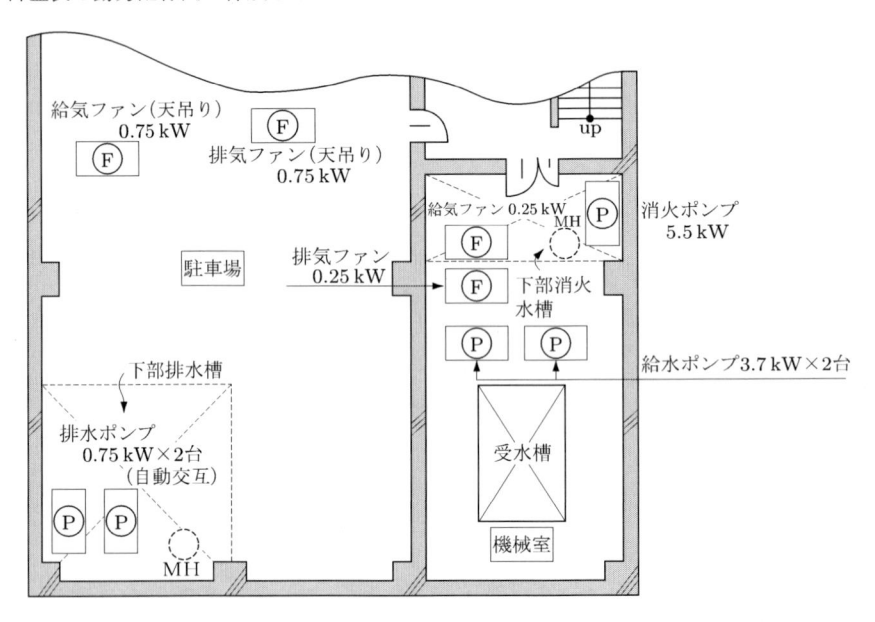

図5.6 設備平面図

■解説

5.7.1 動力制御盤表の作成

ここでは，動力負荷の定格出力や制御方法などを一覧表にまとめた動力制御盤を作成する．

(1) 動力設備計画の手順（図5.1）に従い，駐車場と機械室の各動力負荷を電源種別に分類する．この例題では給，排気ファンと給水ポンプ，排水ポンプを常用電源（給水ポンプ，排水ポンプを保安用負荷とし，幹線を分ける場合もある），消火ポンプは消防法上の非常用電源を供給することとし幹線を常用電源と区別する．

(2) 給気ファン，排気ファンはマグネットスイッチによる操作，排水ポンプは自動交互運転，給水ポンプと消火栓ポンプはそれぞれのポンプユニットへ電源送りとし，結線図の型式を図5.5より選定する．警報盤や監視盤へはそれぞれの負荷の発停（ON，OFF）や故障表示，水槽の水位異常（満水，減水）表示を行う．これらの内容をまとめたものが表5.4である．

表5.4　動力制御盤表

動力制御盤名	幹線番号 主(分岐)開閉器	負荷名称	定格出力 [kW]	台数 常用	台数 予備	出力計 [kW]	結線図の型式	監視盤	備考
"BP"	"GP-1" MCCB WL	給気ファン(駐車場)	0.75	1		0.75	③	ON, OFF, 故障	連動
		排気ファン(駐車場)	0.75	1		0.75	③	ON, OFF, 故障	
		給気ファン(受水槽室)	0.25	1		0.25	③	ON, OFF, 故障	連動
		排気ファン(受水槽室)	0.25	1		0.25	③	ON, OFF, 故障	
		排水ポンプ	0.75	1	1	0.75	⑤	故障, 排水槽(満)	自動交互運転
		給水ポンプ	3.7	1		3.7	②	故障, 受水槽 (満)(減)	ポンプユニットへ電源送り
								高置水槽(満)(減)	
	セパレート "EP-1" MCCB WL	消火栓ポンプ	5.5	1		5.5	②	故障, 消火水槽 (満)(減)	ポンプユニットへ電源送り
								補助水槽(満)(減)	

電圧 200 V　周波数 50 Hz

注 1. 結線図の型式の No は図5.5 動力制御盤主回路結線図の番号を示す．
　 2. 給気ファン，排気ファンは監視盤からの ON・OFF の遠方操作および故障表示が，排水ポンプ，給水ポンプ，消火栓ポンプ等は故障表示，各水槽は水位の満，減警報が監視盤に表示される．

5.7.2　動力配線図の作成

ここでは，電源供給や制御装置を備えた動力制御盤より，各場所に配置された各動力負荷への配線図を作成する．

（1）動力制御盤を各動力負荷の中心部に近く，点検や操作が容易なスペースに設置し，給気ファン，排気ファン，排水ポンプなどへ動力制御盤よりそれぞれの動力負荷の電動機の容量に見合う配線サイズを表5.1などから選定し動力配線図を作成する．消火ポンプの配線は耐熱配線とする．

（2）受水槽や排水槽，消火水槽の水位によりポンプ類の発停を行う場合や水位の満減の異常を警報として監視盤に表示する場合は，水位検出用電極（LF_3 や LF_4）や制御線を平面図に記入する．以上を平面図として作成した図が図5.7 動力配線図である．

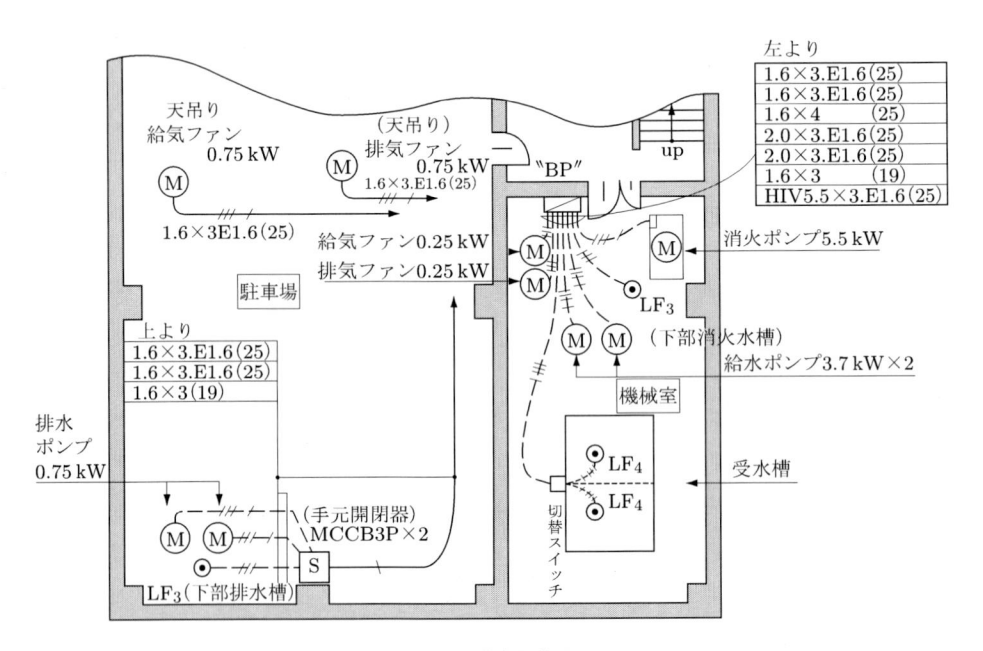

図 5.7　動力配線図

第6章　照明・コンセント設備

　照明計画は，居住空間を機能面からみて質の高い照明環境を提供するだけでなく，美観上や快適な雰囲気をかもし出す設備であることも考慮すべきである．さらに，光源の選定にあたり当初のコストのみならずランニングコストや維持点検の適・不適なども検討の対象となる．
　この章では，照明やコンセント設備の計画上のポイントと光束法および逐点法による照度計算法，および事務室の照明計画を例題として取り上げ，照度計算を行い，照明器具の配置や配線図について解説する．

6.1　照明計画のポイント

　建物や施設の用途や場所により，作業性を優先するのか，周囲の雰囲気を大切にするのかがおのずと定まるが，照度については JIS の照度基準などを参考にするとよい．照度の計算法には以下のとおり，光束法と逐点法がある．

（1）光束法

　平均照度法のことで室内を一様に明るくするには，照明器具台数を何台設けたらよいかを計算により求める．

（2）逐点法

　光源を点光源として，床面などの水平面上 H [m] の高さにその点光源があるとき光源直下より水平距離 d [m] 離れた点 P の照度を求める．

6.2　照度計算の手順

　光束法の場合の照度計算に必要な要素と手順は，図 6.1 のとおりである．

　上記※1の計算に必要な各条件とは，以下のとおりである．

① 室内の作業面での必要な平均照度 E を決

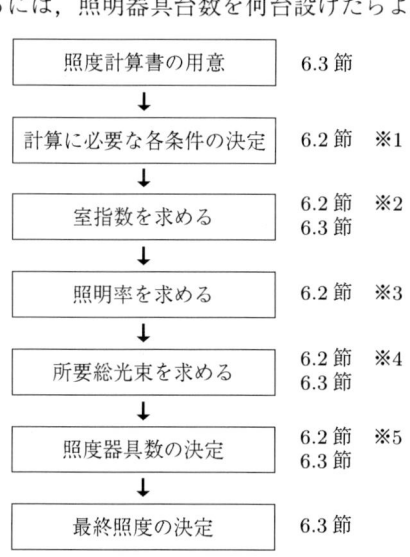

照度計算書の用意	6.3 節
計算に必要な各条件の決定	6.2 節　※1
室指数を求める	6.2 節　※2 6.3 節
照明率を求める	6.2 節　※3
所要総光束を求める	6.2 節　※4 6.3 節
照度器具数の決定	6.2 節　※5 6.3 節
最終照度の決定	6.3 節

図 6.1　照明・コンセント設備計画の手順

める．JIS の照度基準（表 6.1）などを参考とする．
② 照明する部屋の間口 X [m]，奥行き Y [m]，天井高さ Z [m] を求める．
③ 照明器具または光源の取付け高さ Z' [m] を決める．
④ 作業に必要な照度を求めるために作業面高さ h [m] を決める．
⑤ 照明器具の形を決める．たとえば，埋込み下面開放形など．
⑥ 使用するランプを決める．たとえば，蛍光灯 40 W など．
⑦ ランプの種類を決める．たとえば，蛍光灯の白色系など．

表 6.1　照度基準

照度範囲 [lx]		75	150	300	750	1500
用途＼照度目盛 [lx]		50	100	200	500	1000	2000
事務所	非常階段 駐車場	喫茶室 駐車場の車路 休養室 倉庫	ロビー，食堂		玄関ホール（昼間）	
			機械室 書庫 講堂（ホール）	事務室 役員室 会議室 電算室 調理室 応接室 交換室	事務室 営業室 設計室	
			廊下，機械室，湯沸室，便所			
工場 a, b, c は精密度によるもの	非常階段	包装荷造り		検査 c 試験 c 選別 c	検査 b 試験 b 選別 b 設計	検査 a 試験 a 選別 a 制御室
		その他は上記に同じ				
学校		渡り廊下，倉庫	教室，図書室，事務室，食堂，会議室			
	非常階段	講堂，廊下，便所		製図室，電算室，被服教室		
病院					手術室	
				診療室，事務室，製剤室		
		その他は事務所と同じ				
ホテル	非常階段	浴室	宴会場		フロント	
			ロビー			
		その他は事務所と同じ				

[JIS Z 9110]

表6.2 反射率

天井壁面 の仕上げ	白ふすま プラスター 白タイル 白ペンキ塗 白壁紙	紙障子 白カーテン 木材（白木） 石綿スレート	コンクリート 繊維板（素地） 色ペンキ塗 淡色壁紙	ガラス窓 色カーテン 赤レンガ 暗色ペンキ塗
反射率	70%	50%	30%	10%

⑧ 天井の反射率や壁の反射率を決める．たとえば，天井0.7，壁0.5など．

室の仕上げが明るい場合は天井面，壁面，床面などで反射されて被照面に達する光束の割合が多くなり，反対に暗い色の仕上げの場合は光束が吸収される割合が多くなる．仕上げ材の種類による反射率は，表6.2を参考とする．

⑨ 保守率を決める．たとえば，0.7など．

照明器具の管球の光束減少やホコリの付着などで照度がしだいに低くなるため，当初にその減少分を見込んだ値のことで通常 M で表す．

⑩ ランプの光束を決める．たとえば，蛍光灯40Wで3000 lm（ルーメン）などで，メーカーの資料で調べる．

※2の室指数は室の大きさ，形状，光源の高さ，作業面の高さなどにより決まる数値で（表6.3）

$$室指数 = \frac{X \cdot Y}{H(X+Y)}$$

ここで，X：間口 [m]，Y：奥行き [m]，H：光源から作業面までの高さ [m]

※3の照明率は，照明器具の全光束と作業面に達する有効光束の比率をいい，室の大きさ，形状，天井の高さ，天井や壁などの反射率および照明器具による配光により影響を受ける数値であり U（utilization factor）で表す．照明器具の形状ごとにメーカーなどが照明率表を作成しており，それをもとに照明率を求める（表6.4）．

※4の所要総光束は，所定の照度を得るためにその室に必要な総光束を求める．

表6.3 室指数

室指数 = $\frac{X \times Y}{H(X+Y)}$ X：室の間口 Y：室の奥行き H：作業面から光源 （間接照明の場合は 天井）までの高さ	記号	A	B	C	D	E	F	G	H	I	J
	室指数	5.0	4.0	3.0	2.5	2.0	1.5	1.25	1.0	0.8	0.6
	範囲	4.5 以上	4.5 ～ 3.5	3.5 ～ 2.75	2.75 ～ 2.25	2.25 ～ 1.75	1.75 ～ 1.38	1.38 ～ 1.12	1.12 ～ 0.9	0.9 ～ 0.7	0.7 以下

表 6.4　照明率

照明器具 器具効率・最大間隔	反射率 天井		0.7			0.5			0.3	
		壁	0.7	0.5	0.3	0.5	0.3	0.1	0.3	0.1
	室指数					照明率 U [%]				
	0.6		44	33	26	31	24	20	23	19
	0.8		53	42	34	39	32	27	30	26
	1.0		58	48	40	44	38	33	35	31
	1.25		60	54	47	50	43	39	40	36
	1.5		67	58	51	54	48	43	44	40
	2.0		73	65	59	60	55	50	51	47
	2.5		76	69	64	64	59	55	55	51
	3.0		79	73	67	67	63	59	58	55
	4.0		82	77	73	71	68	64	63	60
	5.0		84	80	76	74	71	68	66	63
	0.6		45	35	29	34	28	24	28	24
	0.8		53	44	38	43	37	33	37	33
	1.0		59	50	44	49	43	39	43	39
	1.25		64	56	50	55	49	45	49	45
	1.5		67	60	55	59	54	50	53	50
	2.0		72	66	62	65	61	57	60	56
	2.5		75	70	66	69	65	62	64	61
	3.0		78	73	69	71	68	65	67	64
	4.0		80	77	74	75	72	70	71	69
	5.0		82	79	76	77	75	73	74	72
	0.6		35	30	27	29	26	24	26	24
	0.8		41	36	34	36	33	31	33	31
	1.0		43	40	37	39	37	35	36	34
	1.25		46	43	41	42	40	38	40	38
	1.5		48	45	43	44	42	41	42	40
	2.0		51	48	47	48	46	45	45	44
	2.5		52	50	48	49	48	47	47	46
	3.0		53	51	50	50	49	48	48	47
	4.0		54	53	51	51	51	50	50	49
	5.0		54	53	52	52	51	51	51	50
	0.6		28	22	19	22	18	16	18	16
	0.8		33	27	23	26	22	20	22	20
	1.0		36	31	27	30	26	24	26	24
	1.25		40	35	31	34	31	28	30	28
	1.5		42	37	34	36	33	31	33	30
	2.0		45	41	38	40	37	35	36	34
	2.5		47	44	41	43	40	38	39	38
	3.0		48	45	43	44	42	40	41	40
	4.0		50	48	46	46	45	43	44	42
	5.0		51	49	47	48	46	45	45	44

［建築設備手帖（2007），森北出版より抜粋］

$$N \cdot F = \frac{E \cdot A}{U \cdot M}$$

ここで，N：照明器具のランプ数 [本]，　F：ランプ光束 [lm]
　　　　E：必要とする照度 [lx]，　A：室の面積 [m^2]
　　　　U：照明率，　M：保守率

※5の照明器具数の決定は，所要総光束 $N \cdot F$ を求め，これをランプ光束 F [lm] で除すると，照明器具のランプの数 N [本] が計算できる．さらに照明器具1台あたりのランプ数を N_o とすると，$N/N_o = m$ として照明器具の台数が求められる．

ただし，この m は必ずしも整数とは限らないし，正方形や長方形の部屋の場合，照明器具の配列上，器具数は偶数になることが多い．

したがって，計算上求められた器具数 m をもとにこれより若干多めで，しかも偶数の決定器具数 m' を採用するのが一般的である．さらに m' を逆算して，そのときの決定照度を計算することができる．

6.3　照明計算例

例題 6.1 では，平均照度法（光束法）による照度計算を具体例で検討する．

【例題 6.1】

事務室の目標とする照度を 600 lx とし，以下の条件の場合の照明設備の設計をしなさい．

〈計算の条件〉

照度計算の対象とする事務室の緒元（図 6.2 の事務室部分）を，以下のとおりとする．

(1) 間口 X（通り芯②～⑥の 22.0 m）
(2) 奥行き Y（通り芯Ⓐ～Ⓒの 11.0 m）
(3) 面積 A（22.0 m × 11.0 m → 242 m^2）
(4) 照明器具取付け高さ H'（光源の高さ，2.6 m）
(5) 作業面の高さ H''（机上面 0.8 m）
(6) 器具～作業面間の距離 H（2.6 m − 0.8 m → 1.8 m）
(7) 室指数 $\left(\dfrac{A}{H(X+Y)} \to 4.07 \right)$

照明器具の内容と保守率，反射率を定める．

(1) 照明器具の形式（埋込み下面開放形で 2 灯用器具，表 6.4 の埋込み天井灯）
(2) ランプ出力（蛍光灯 40 W）
(3) 反射率（天井 70 %，壁 50 %）

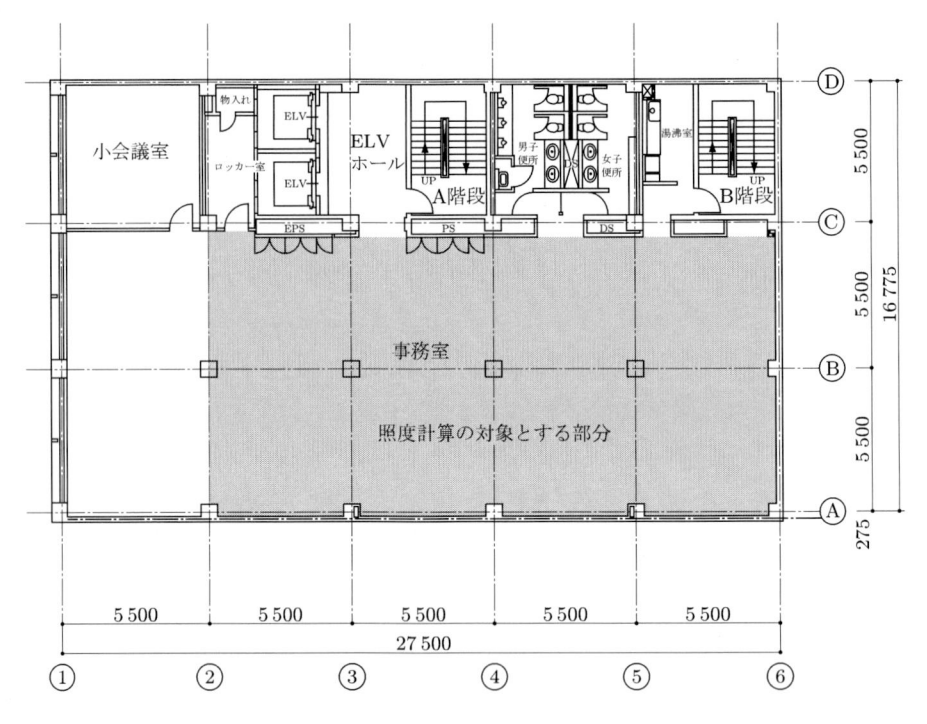

図 6.2　モデルプラン

(4) 保守率 M（中程度の保守が行われているとして 0.7）
(5) 照明率 U（室指数の値から，埋込み下面開放形器具（埋込み天井灯），反射率，天井 0.7，壁 0.5 より表 6.4 から 77 %）

■解説

6.3.1　照度計算

ここでは，照度計算の対象とする部分に対して必要とする照度を得るための照明器具の台数を求める．

(1) 600 lx の照度を得るため必要な総光束は

$$N \cdot F = \frac{E \cdot A}{U \cdot M} \to \frac{600 \times 242}{0.77 \times 0.7} \to 269\,388 \text{ lm} \to 270\,000 \text{ lm}$$

となる．

(2) 蛍光灯 40 W の 1 本あたりの光束 F を 3 100 lm とすると，必要なランプ数は

$$N = \frac{N \cdot F}{F} \to \frac{270\,000}{3\,100} \to 87 \text{ 本}$$

となる．

(3) 照明器具1台のランプ数は2本だから$N_o = 2$となり，求める照明器具の台数は

$$m = \frac{N}{N_o} \rightarrow \frac{87}{2} \rightarrow 43.5$$

となる．

(4) したがって，照明器具44台で必要な照度は得られるが，ここでは図のように3連結の器具を使用し，48台の器具を配置することとする（図6.3）．このときの照度は(1)より

$$E = N \cdot F \frac{U \cdot M}{A}$$

となり，約660 lx となる（表6.5）．目標値の照度600 lx より若干多めの照度となり，適正と考えられる．

以上をもとに作成した照明設計図が，図6.3, 6.4である．

6.3.2 照明配線図作成の要領

建築平面図に照明器具の配置をする際や，配線図を作成する場合，以下のことに留意する．

(a) 照明器具を指定の部屋内に均等に配置する．
(b) 配列は，図6.5のように壁や間仕切りから照明器具間，照明器具から照明器具間の距離の割合は1対2とするとよい．
(c) 分電盤回路別のグループのまとめ方は，簡易的に蛍光灯F40 W を50 VA とする．よって，F40 W × 2 を100 VA として容量計算を行う．配線用遮断器の定格は，100 V 回路の場合，MCCB2P 50 AF/20 AT とし，この場合，電流定格値は20 A．したがって，20 A × 100 V → 2 000 VA，この電流値の70%として使用すると，2 000 VA × 70% → 1 400 VA，つまり蛍光灯F40 W × 2 として100 V の配線用遮断器に上限14台程度接続するのが一般的である．
(d) スイッチの位置は使い勝手上から決める．一般に部屋の出入り口付近がよい．

6.3.3 分電盤

分電盤の設置数が多いと当然コストや保守管理に影響する．したがって，運用上や設置場所および回路数などから判断し設置する．

表 6.5　照度計算書

目標	部屋の諸元						照明器具の内容							照度計算				決定	
照度	間口	奥行き	面積	器具高さ	作業面高さ	器具～作業面	室指数	照明器具 形式	ランプ 出力	反射率 天井	反射率 壁	保守率	照明率	総光束	ランプ光束	必要ランプ数	器具ランプ数	器具数	決定器具数	照度
E	X	Y	A	H'	H''	H	$\dfrac{A}{H(X+Y)}$					M	U	$NF=\dfrac{EA}{UM}$	F	$N=\dfrac{NF}{F}$	N_o	$M=\dfrac{N}{N_o}$	M'	E'
lx	m	m	m²	m	m	m			W	%	%			lm	lm	本	本	台	台	lx
部屋 No.1	600	22.0	11.0	242.0	2.6	0.8	1.8	4.07	埋込み天井灯	40	70	50	0.7	0.77	269 388	3 100	87	2	43.5	48	660
〃 No.2																					
〃 No.3																					
〃 No.4																					
〃 No.5																					

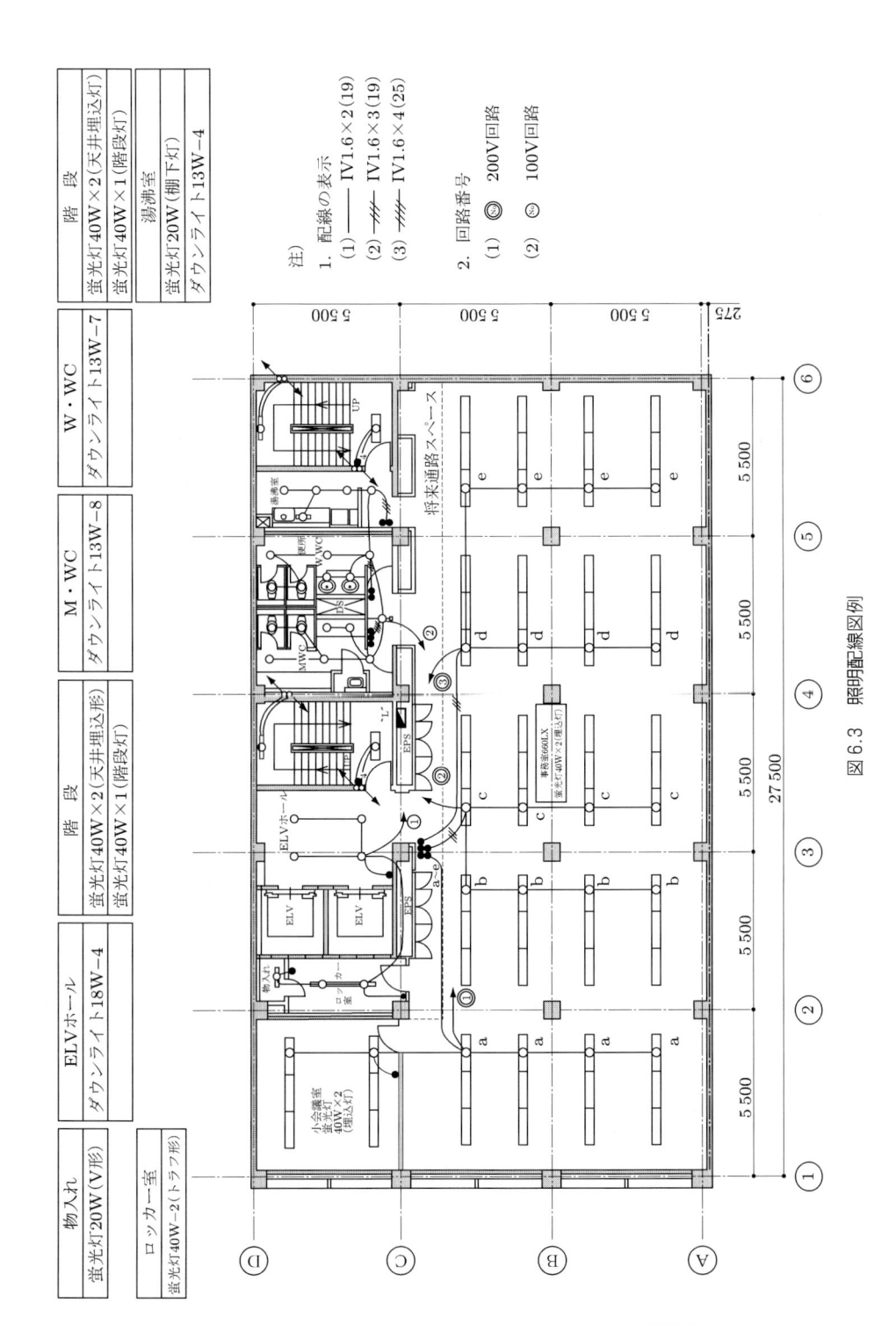

物入れ	ロッカー室	ELVホール	階　段	M・WC	W・WC	階　段	湯沸室
蛍光灯20W(V形)	蛍光灯40W-2(トラフ形)	ダウンライト18W-4	蛍光灯40W×2(天井埋込形) 蛍光灯40W×1(階段灯)	ダウンライト13W-8	ダウンライト13W-7	蛍光灯40W×2(天井埋込灯) 蛍光灯40W×1(階段灯)	蛍光灯20W(棚下灯) ダウンライト13W-4

注.
1. 配線の表示
 (1) ——— IV1.6×2(19)
 (2) —//— IV1.6×3(19)
 (3) —///— IV1.6×4(25)

2. 回路番号
 (1) ⊚ 200V回路
 (2) ⊙ 100V回路

図6.3 照明配線図例

6.3　照明計算例 ——— 95

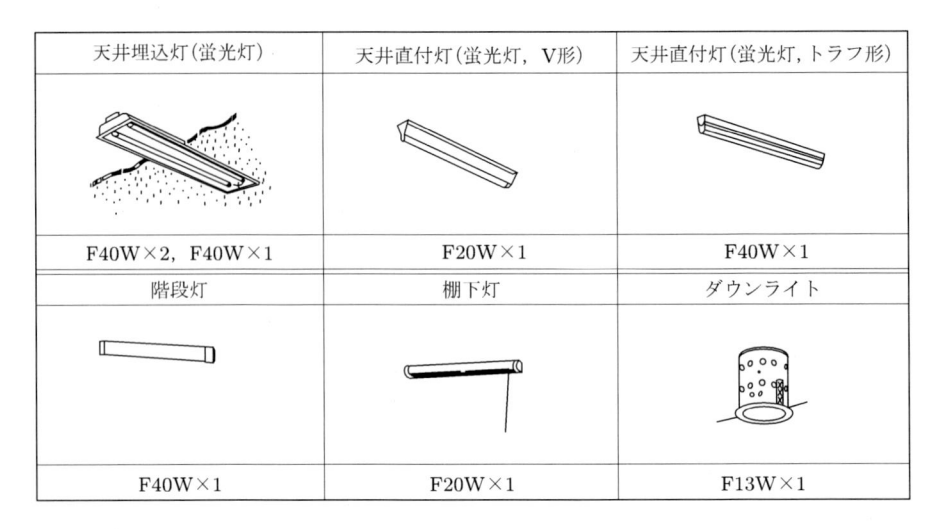

天井埋込灯(蛍光灯)	天井直付灯(蛍光灯, V形)	天井直付灯(蛍光灯, トラフ形)
F40W×2, F40W×1	F20W×1	F40W×1
階段灯	棚下灯	ダウンライト
F40W×1	F20W×1	F13W×1

図6.4　照明器具姿図

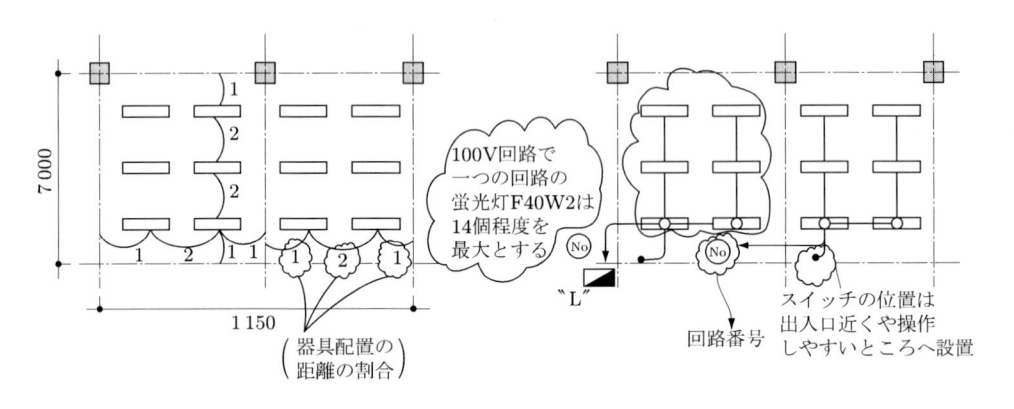

図6.5　照明器具配置と配線の要領図

(1) 設置場所
(a) 分電盤は建物共用部分に設置（たとえば，廊下，管理室，EPSなど）し，点検が容易に行えるスペースを確保することが望ましい．
(b) 分電盤は基本的には各階に設け，各階の負荷の中心に近い場所が好ましい．また幹線の立上がり部に近いことが，施工性や経済性から好ましい．
(c) 水場廻り，たとえば，厨房内，便所，洗面所や雨がかかる屋側や階段室，意匠上重要な部分への分電盤の設置は避ける．
(d) 建物構造上重要な躯体壁への分電盤の埋込みは避ける．
(e) OA機器用コンセント配管配線が分電盤から数多く出る場合は，分電盤周辺の

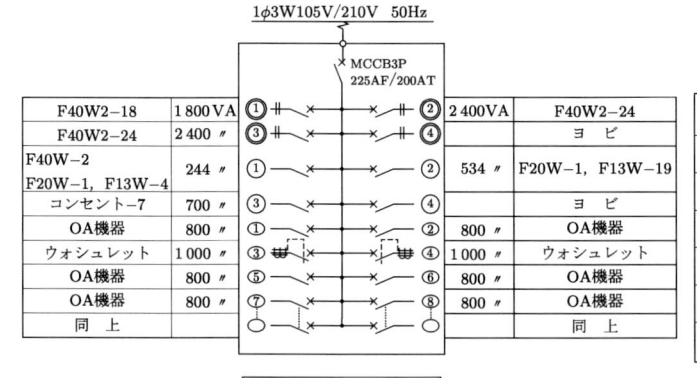

図 6.6　分電盤結線図

床は厚くする（床埋込み配管配線）．

（2）結線図

単相 3 線 100 V/200 V の電気方式の分電盤結線図を図 6.6 に示す．この分電盤内の配線用遮断機 MCCB で⓪の数字が 200 V 回路，○○の数字が 100 V 回路であり，照明回路で蛍光灯 40 W 以上は 200 V，それ以外は 100 V 回路から供給している．コンセント回路は○○の数字とし 100 V の電源から供給している．

6.4　逐点法による照度の計算

光源を点光源として，床面などの水平面上 H [m] の高さにその点光源があるとき，光源直下より水平距離 d [m] 離れた点 P の照度を計算する方法である（図 6.7）．一つ

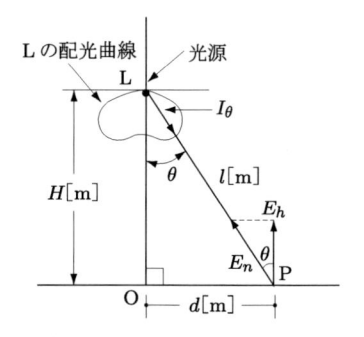

図 6.7　逐点法による照度計算

の点光源が図のような配光曲線をもっていたとして，ある面上の点 P における光の方向 PL に垂直な面上の法線照度は $E_n = \dfrac{I_\theta}{l^2}$ である．また点 P における水平面照度 E_h は $E_h = E_n \cdot \cos\theta$．したがって

$$E_h = \frac{I_\theta}{l^2} \cdot \cos\theta = \frac{I_\theta}{h^2} \cdot \cos^3\theta = \frac{I_\theta}{d^2} \cdot \sin^2\theta \cdot \cos\theta$$

ここで，I_θ：配光曲線による θ 方向の光度 [cd]
　　　　l　：光源から点 P までの距離 [m]，　θ：入射角，
　　　　h　：光源より直下までの垂直距離 [m]
　　　　d　：光源直下より P 点までの距離 [m]
　　　　E_n：点 P における光の方向 PL に垂直な面上の法線照度

6.5　快適な照明

心地よい照明は不快なグレアが少ないことが必要である．つまり，居住者の視界にまぶしさを感じるグレアが入ると不快感や作業能率が落ちることになる．

(1) グレア

G 分類と V 分類があり，G 分類は視覚特性よりみたグレア規制のための輝度の制限で G_0 から G_3 までの 4 段階に分類され，添字の数字が大きくなるに従って不快の程度が大きい（表 6.6）．

V 分類は VDT 画面の反射グレア防止のための照明器具の輝度の制限で，$V_1 \sim V_3$ までの 3 段階に分かれている（表 6.7）．

表 6.6　照明器具のグレア分類 (1)

分類	鉛直角ごとの輝度 (cd/m² 以下)			代表的な器具の例
	85°	75°	65°	
G_0	1 500	1 500	2 400	ルーバなどグレアをより厳しく十分制限した器具
G_1	2 700	2 700	5 300	拡散パネル，プリズムパネル，ルーバなどでグレアを十分制限した器具
G_2	7 100	7 100	24 000	水平方向から見たとき，ランプが見えないようにグレアを制限した器具
G_3	制　限　な　し			ランプが露出してグレアを制限しない器具

[照明学会・オフィス照明基準 – 99]

表6.7　照明器具のグレア分類（2）

V分類：VDT画面の不快な反射グレア防止のための輝度の制限		
分類	鉛直角60°～90°における輝度（cd/m² 以下）	用途など
V_1	50	VDT画面への映り込みはほとんどない．壁面上部や天井面が暗くなりがち．
V_2	200	反射防止処理付VDT作業専用室用．VDT作業があまり長くないオフィス用．
V_3	2 000（1 500が望ましい）	反射防止処理付VDT作業を行うオフィス用．

［照明学会・オフィス照明基準−99］

（2）新時代の照明環境

事務所の高品質な照明を設計するためのガイドラインとして，照明学会より事務所照明基準が出されている．

照度のほか，グレア規制（G分類，V分類），平均演色評価数（R_a）が指針として示されている（表6.8）．

表6.8　オフィス照明の推奨基準

区分	室の種類	水平面照度 [lx] 以上	鉛直面照度 [lx]	照明器具のグレア規制	平均演色評価数 [R_a] 以上
執務エリア	事務室（a）	1 500	150 以上	V_2, V_3 （G_0, G_1）	80 以上
	設計室，製図室	1 500	150 以上	V_2, V_3 （G_0, G_1）	
	CAD室	750	100～500	V_1, V_2 （G_0, G_1）	
	研修室，資料室	750	—	G_1, G_2	
	診察室	750	200 以上	V_3 （G_1, G_2）	
	調理室	750	—	G_1, G_2	
コミュニケーションエリア	応接室	500	150 以上	G_0, G_1, G_2	80 以上
	会議室	750	150 以上	G_1, G_2	
	プレゼンテーションルーム	500	200 以上	V_1, V_2, V_3 （G_1）	
	大会議室，講堂	750	300 以上	G_0, G_1, G_2	
	ラウンジ	500	—	G_1, G_2	

注）本表は，主として蛍光灯器具による全般照明に適応する．

［照明学会・オフィス照明基準−99より抜粋］

6.6　コンセント設備

普通一般に使用されるコンセントは，埋込み連用型が多く採用されている．特殊な

ものとして引掛け型（ツイストロック型），防水型，防爆型などがある．特に最近の傾向として事務所などにおけるOA機器，情報通信機器の目覚しい進歩と量的拡大が著しいため，それに比例してコンセントの数が多く設けられる．

6.6.1 コンセント設置上の留意点

電気機器を使用する際，直接差込み口に触れる危険性もあるため，水気のある場所のコンセントの設置場所を内線規程などで下記のように規制している．

(1) コンセントは適正な位置に必要な個数を用意し，特に事務所などでOA機器用に使用するものについては，将来の増設や変更に応えられる内容としておくことが大切である．
(2) 浴室内にはコンセントは設置しない．換気扇用として使用する場合は防水型とし，容易に人が触れない場所に設置する．
(3) 電気洗濯機用および電子レンジ用コンセントは，接地極付きコンセントまたはコンセントボックスに接地端子を設けたものを使用する．
(4) 駐車場のコンセントは，床上1.2m以上の高さに設置する．
(5) 柱取付けのコンセントは，間仕切りの取付けに支障がないよう柱心を避ける．
(6) 事務所内はOA機器（事務機器）の普及により，床面より機器に必要な電源を供給できる配線システムと十分な電源容量を見込んでおく．

配線方法については，表6.9に示す．

表6.9 フロア配線に使用されるコネクタ，コンセント（電力用）

名　称	コンセント	フロアコンセント	ゾーンボックス	アンダーカーペット用コンセント
使用電圧	100 V	100～200 V	100～200 V	100 V
極　数	接地付2p	2p，接地付2p	接地付2p	接地付2p
特　徴	埋込み形の場合はボックスなどに収納して使用する固定配線として使用されることが多い	電線管やフロアダクトのような配管工法のフロアマーカ部分に設置されVVFケーブルで固定配線される	OAフロアのなかに設置し，VVFやVCTケーブルを使用して固定配線に使用されるオフィス内に分散配置され各机までの配線はテーブルタップにより床内から立ち上げられる	アンダーカーペット用フラットケーブル専用の床コンセントフラットケーブル上であればどこでも設置が可能である

6.6.2 照明・コンセントの分岐回路

(1) 分岐回路として各負荷をまとめるには以下の点に注意する．
  (a) 各階別に回路をまとめる．階にまたがる配線はなるべく避ける．
  (b) 建築構造上伸縮部や防火区画部はそれぞれ別回路として，その部分への配線の横断や貫通は避ける．
(2) 分岐回路の配線の太さは，表 6.10 を参照のこと．

表 6.10　15 A 分岐回路および 20 A 配線用遮断器分岐回路の電線太さ

分岐過電流遮断器から最終端受け口までの電線こう長	例　図	電線の太さ 銅[mm] a	b
20 m 以下		1.6	—
20 m 超過 30 m 以下		1.6	2.0
30 m 超過		1.6	2.0

注) 1. aは，1個の受け口にいたる部分を示す．
　　2. bは，分岐過電流遮断器から最初の受け口にいたる部分を示す．

6.6.3 コンセント配線の実例

モデルプランの事務室の床は，高さ 70 mm の OA フロアであり，OA 機器の電源用として，ターミナルコンセント 15 A を 2 個 1 セットとした電源ボックスを設けている．OA 端末器とターミナルコンセントとの接続は，図 6.8 の OA コンセント配線イメージ図を参考のこと．また，実際の配線図例を図 6.9 に示す．

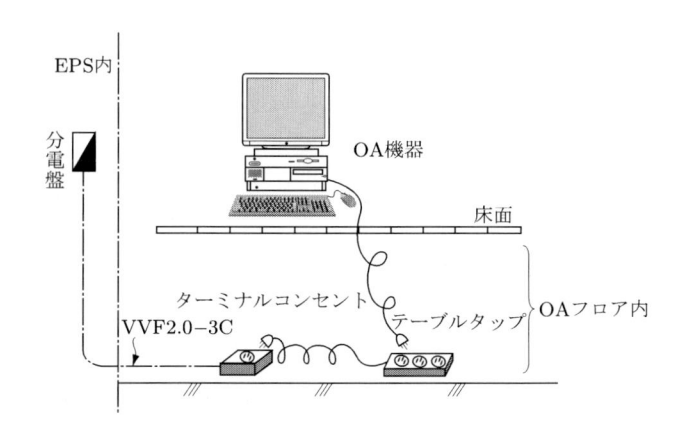

図 6.8　OA コンセント配線イメージ図

図 6.9 コンセント配線図

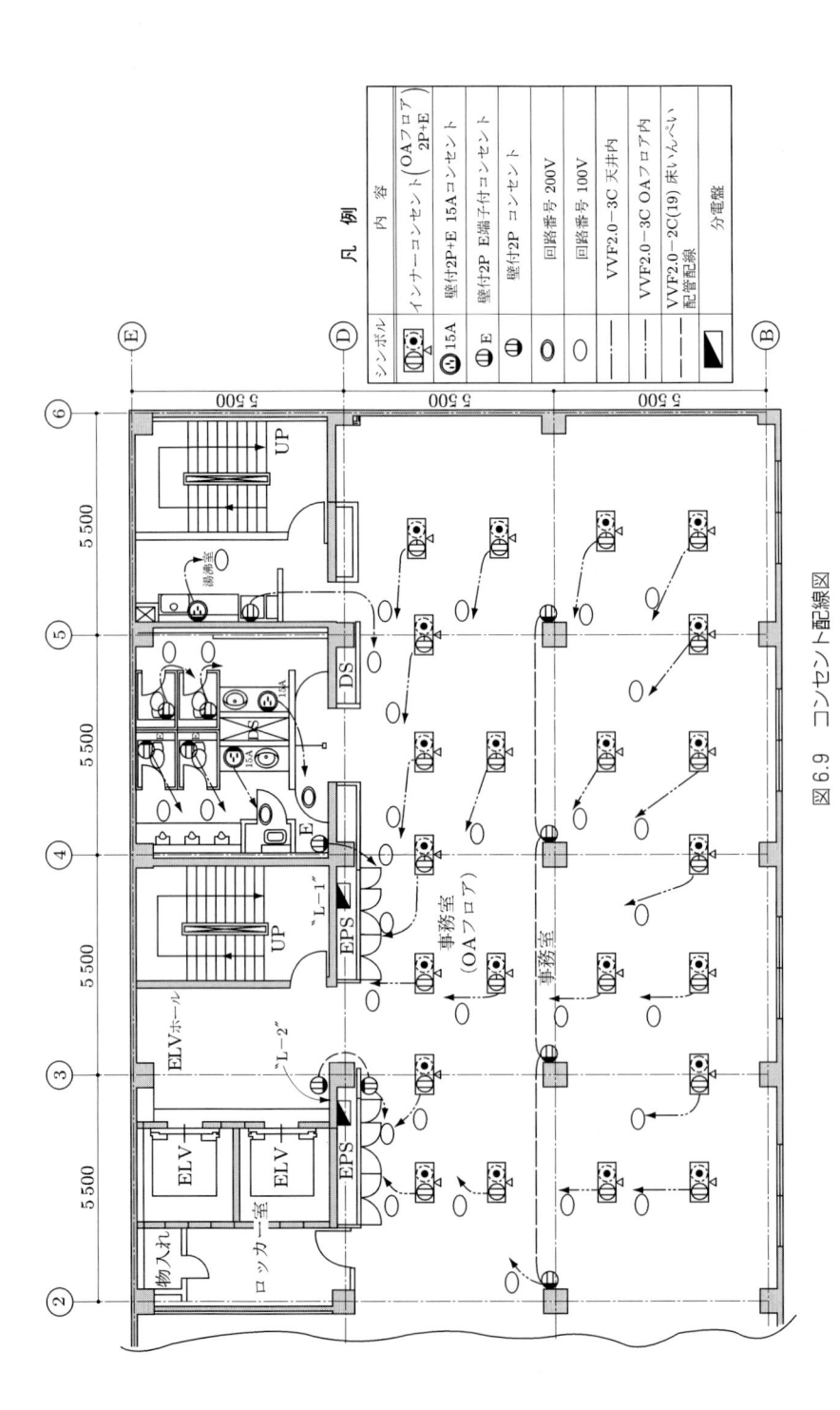

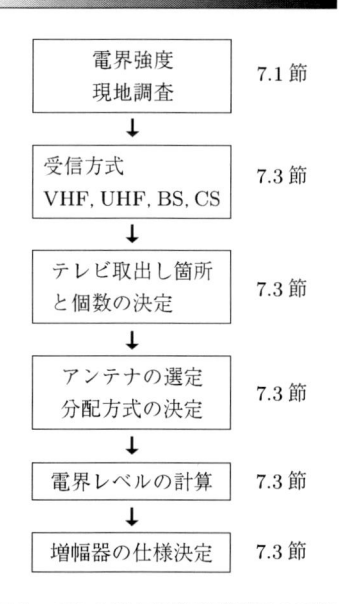

第7章　テレビ共同受信設備

> テレビ共同受信設備を用途別に分類すると，ビル用共同受信設備，電波障害対策用共同受信設備，難聴視地域共同受信設備，CATV 設備などがある．
> この章では，例題を中心に電界レベルの計算手法を会得し，ビル内のテレビ共同受信設備の計画，設計の基礎を習得する．

7.1　テレビ共同受信設備計画のポイント

　テレビのビル用共同受信設備は，ビルやマンションの屋上に一組のマスターアンテナを設け，テレビの電波を受信し，ビル内の必要な箇所にテレビ信号を伝送する装置である．それらは，アンテナ（VHF，UHF，BS，CS など），増幅器，分配器，分岐器，直列ユニット，配線などから構成され，計画に先だち，その場所の周囲の電界強度を測定する．

7.2　テレビ共同受信設備計画の手順

　テレビ受像が満足に行えるための共同受信設備の検討フローは，図 7.1 のとおりである．

電界強度現地調査	7.1 節
↓	
受信方式　VHF, UHF, BS, CS	7.3 節
↓	
テレビ取出し箇所と個数の決定	7.3 節
↓	
アンテナの選定　分配方式の決定	7.3 節
↓	
電界レベルの計算	7.3 節
↓	
増幅器の仕様決定	7.3 節

図 7.1　テレビ共同受信設備計画の手順

7.3 電界レベルの計算例

テレビの受像が可能となるにはその場所で，一定の電界レベルが必要となる．例題 7.1 では，テレビ端子取出口の電界レベルを求め，例題 7.2 で各機器の減衰量の計算を行う．

【例題 7.1】

図 7.2 のテレビ共同受信設備の系統図において，アンテナから一番遠距離にある直列ユニットの末端（テレビ端子取出口）における電界レベルが，テレビ受像の条件を満足するか否かを確かめなさい．

〈計算の条件〉
(1) テレビの映像が良好な状態を維持するには，末端の直列ユニットにおいて VHF, UHF は 70 dB 以上，BS は 55 dB 以上の電界レベルが必要である．
(2) 標準アンテナ出力電圧 [dB] は各テレビ局の方向や距離により異なるが，ここでは VHF 75 dB, UHF 70 dB，また，アンテナ利得 (G_A) はそれぞれ 7.0 dB, 8.0 dB とする．BS では，BS コンバータの標準出力レベルを 80 dB とする．
(3) 図 7.2 のアンテナ－増幅器間の配線は，EMS-7C-FB（衛星放送受信屋内発泡ポリエチレン絶縁ビニルシース同軸ケーブル）を使用し，その長さは 30 m とする．また，四分配器以降の配線は EMS-5C-FB とする．

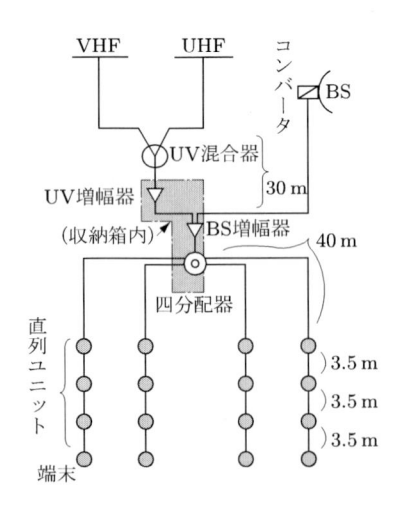

図 7.2　テレビ配線系統図

■解説

アンテナや増幅器による電界レベルの利得と配線や分配器などの減衰量を考慮し，条件の最も悪い端末取出口の電界レベルを求める．

7.3.1 分配器から直列ユニット端末までの損失

損失 Lo [dB] を，各帯域ごとに求める．

$$Lo = Lu_1 + Lu_2 \times (N-1) + Ld_1 + l_1 \times L_l$$

ここで，Lu_1：直列ユニット結合損失 [dB]
　　　　Lu_2：直列ユニット挿入損失 [dB]
　　　　N　：1系統の直列ユニットの個数 [個]
　　　　Ld_1：分配器の分配損失 [dB]
　　　　l_1　：分配器から直列ユニット端末までの配線の長さ [m]
　　　　L_l　：配線の減衰量 [dB/m]

以上より，図 7.2 の損失 Lo を求めるには，表 7.1，7.2，7.4 を参照する．

直列ユニット1端子型 BS-7F-7，直列ユニット（末端）は BS-7F-R を使用する．分配器は四分配器（BS-D4）とする．

$$\text{VHF}: Lo(\text{V}) = 8.5 + 1.3(4-1) + 7.5 + 50.5 \times 0.111 = 25.5 \text{ dB}$$

表 7.1　分岐器・直列ユニット・テレビ端子　　　　（BL 規格-99）

	型式		挿入損失 [dB]			結合損失 [dB]		
			FM-VHF	UHF	BS-IF	FM-VHF	UHF	BS-IF
分岐器	2分岐	BS-C2	2.0 以下	2.5 以下	3.0 以下	11 以下	12 以下	13 以下
	4分岐	BS-C4	3.5 〃	4.5 〃	5.5 〃	〃	〃	〃
直列ユニット	1端子型	BS-7F-7	1.3 〃	1.8 〃	2.0 〃	〃	〃	〃
	1端子分岐型	BS-7F-77	1.5 〃	2.0 〃	2.2 〃	15 以下	16 以下	17.5 以下
	2端子型	BS-77F-7	〃	〃	〃	〃	〃	〃
同上（端末）	1端子型	BS-7F-R	〃	〃	〃	8.5 以下	9.0 以下	10.0 以下

表 7.2　分配器

型式	分配数	分配損失 [dB]		
		FM-VHF	UHF	BS-IF
BS-D2	2	3.8 以下	4.0 以下	4.5 以下
BS-D4	4	7.5 〃	8.0 〃	9.0 〃
BS-D6	6	10.0 〃	11.0 〃	12.0 〃

UHF：$Lo(\mathrm{U}) = 9.0 + 1.8(4-1) + 8.0 + 50.5 \times 0.220 = 33.5\,\mathrm{dB}$

BS：$Lo(\mathrm{BS}) = 10.0 + 2.0(4-1) + 9.0 + 50.5 \times 0.311 = 40.7\,\mathrm{dB}$

7.3.2 増幅器出力側のレベル

増幅器出力側のレベル $Eo\,[\mathrm{dB}]$ を求めるには，表 7.3, 7.4 を参照する．

VHF：$Eo(\mathrm{V}) = E_v + G_A - l_2 \times L_l + G_{\mathrm{AMP}}$

UHF：$Eo(\mathrm{U}) = E_u + G_A - l_2 \times L_l + G_{\mathrm{AMP}}$

BS：$Eo(\mathrm{BS}) = E_{\mathrm{BS}} - l_2 \times L_l + G_{\mathrm{AMP}}$

ここで，増幅器の形式は VHF, UHF が UV-2 形，BS が BS-1 形とする．Ev，Eu はそれぞれ VHF, UHF の標準アンテナ出力電圧 [dB] で 75 dB, 70 dB とする．

l_2　：アンテナから増幅器までの配線長さ [m]
L_l　：配線の減衰量 [dB/m]
G_{AMP}：増幅器利得
E_{BS}　：BS 標準出力レベル（コンバータ）80 dB

以上より

VHF：$Eo(\mathrm{V}) = 75 + 7 - 30 \times 0.081 + 35 = 114.57\,\mathrm{dB}$

表 7.3　増幅器の電気的特性

	V-1 形	V-2 形	U-1 形	U-2 形	UV-2 形		BS-1 形
周波数帯域 [MHz]	76-108, 170-222	170-222	470-770		76-108 170-222	470-770	1 035-1 335
利　得 [dB]	30/35 以上	35/40 以上	30 以上	35 以上	30/35 以上	40 以上	40 以上
利得調整範囲 [dB]	10 以上，連続可変						
定格出力 [dB]	95/100 (2 波)/(5 波)	105/110 (2 波)/(5 波)	110 (2 波)	115	105/110 (2 波)/(5 波)	115 (2 波)	105 (8 波)

表 7.4　衛星放送受信用同軸ケーブルの電気的特性

ケーブルの種類	特性インピーダンス [Ω]	最大減衰量 [dB/m]		
		220 MHz	770 MHz	1300 MHz
S-5 C-FB	75	0.111	0.220	0.311
S-7 C-FB	75	0.081	0.163	0.233

（参考）VHF　：　90 ～ 222 MHz
UHF　：470 ～ 770 MHz
BS-IF：1 035 ～ 1 335 MHz

UHF：$Eo(\mathrm{U}) = 70 + 8 - 30 \times 0.163 + 40 = 113.11\,\mathrm{dB}$

BS：$Eo(\mathrm{BS}) = 80 - 30 \times 0.233 + 40 = 113.01\,\mathrm{dB}$

表 7.3 より，増幅器 UV-2 形の VHF 定格出力は 110 dB，UHF 定格出力は 115 dB，BS-1 形の定格出力は 105 dB.

7.3.3　端末の直列ユニットのレベル

端末のレベル $Et\,[\mathrm{dB}]$ を求める．

VHF：$Et(\mathrm{V}) = Eo(\mathrm{V}) - L_{\mathrm{BS}} - Lo(\mathrm{V})$

UHF：$Et(\mathrm{U}) = Eo(\mathrm{U}) - L_{\mathrm{BS}} - Lo(\mathrm{U})$

BS：$Et(\mathrm{BS}) = Eo(\mathrm{BS}) - Lo(\mathrm{BS})$

ここで，L_{BS} は BS 増幅器混合損失 [dB] で 1.3 dB とする．

以上より

VHF：$Et(\mathrm{V}) = 110.0 - 1.3 - 25.5 = 83.2\,\mathrm{dB}$

UHF：$Et(\mathrm{U}) = 115.0 - 1.3 - 33.5 = 80.2\,\mathrm{dB}$

BS：$Et(\mathrm{BS}) = 105.0 - 40.7 = 64.3\,\mathrm{dB}$

当初の条件 VHF および UHF で 70 dB，BS で 55 dB 以上確保されることがわかる．

【例題 7.2】

図 7.3 の系統図において，以下の条件の場合の分配器以降の A 点の総合損失を求め表 7.5 を完成させ，BS 放送が十分受信できるか確認しなさい．

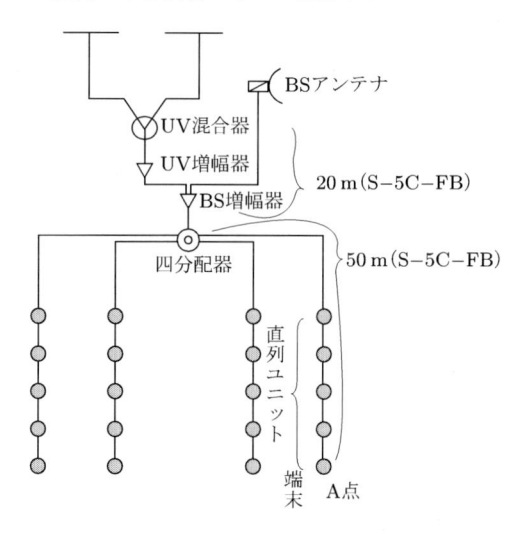

図 7.3　テレビ配線系統図

(1) 分配器から直列ユニット端末までの損失 Lo [dB] は

$$Lo = Lu_1 + Lu_2 \times (N-1) + (Ld_1 \text{ or } Ld_2) + Ld_3 + l_1 \times L_l$$

ここで，Lu_1：直列ユニット結合損失 [dB]
Lu_2：直列ユニット挿入損失 [dB]
N ：1 系統の直列ユニットの個数 [個]
Ld_1：分岐器結合損失 [dB]
Ld_2：分岐器挿入損出 [dB]
Ld_3：分配器分配損失 [dB]
l_l ：分配器（分岐器）から端末直列ユニットまでの配線距離 [m]
L_l ：配線の単位長あたりの減衰量 [dB/m]

(2) その他の条件
 (a) 直列ユニット端末まで BS の場合，55 dB 以上確保する．
 (b) BS 増幅器は BS-1 形とし，利得は 40 dB とする．
 (c) アンテナから BS 増幅器まで S-5C-FB を使用し，その長さを 20 m とする．
 (d) BS コンバータ標準出力レベルを 80 dB とする．

表 7.5 減衰量の計算

記号	器具 ケーブル	減衰量(dB/m または個) VHF	UHF	BS-IF	数量	減衰量 VHF	UHF	BS-IF
Lu_1	BS-7F-R							
Lu_2	BS-7F-7							
Ld_1		0	0	0	0	0	0	0
Ld_2		0	0	0	0	0	0	0
Ld_3	BS-D4							
L_l	EM·S-5C-FB							
損失合計 Lo [dB]								

■解説
ここでは，各周波数の帯域別に損失の合計を求める．

7.3.4 機器や配線材料などの損失の計算

ケーブル，直列ユニット，分配器などの各周波数帯域別の減衰量，挿入損失，分配損失をまとめた結果を表 7.6 に示す．

表7.6　減衰量の計算結果

記号	器具ケーブル	減衰量(dB/mまたは個) VHF	UHF	BS-IF	数量	減衰量 VHF	UHF	BS-IF
Lu_1	BS-7F-R	8.5	9.0	10.0	1	8.5	9.0	10.0
Lu_2	BS-7F-7	1.3	1.8	2.0	4	5.2	7.2	8.0
Ld_1		0	0	0	0	0	0	0
Ld_2		0	0	0	0	0	0	0
Ld_3	BS-D4	7.5	8.0	9.0	1	7.5	8.0	9.0
L_l	EM・S-5C-FB	0.111	0.220	0.311	50	5.55	11.00	15.55
損失合計 Lo [dB]						26.75	35.20	42.55

7.3.5　BS 放送受信のための電界レベル

増幅器出力側レベルは以下により求める．

$$Eo(\text{BS}) = E_{\text{BS}} - l_2 \times L_l + G_{\text{AMP}}$$

ここで，　E_{BS}　：BS コンバータ標準出力レベル [dB]
　　　　　l_2　：アンテナから BS 増幅器までの配線長さ [m]
　　　　　L_l　：配線の単位長あたりの減衰量 [dB/m]
　　　　　G_{AMP}：増幅器利得 [dB]

したがって，

$$Eo(\text{BS}) = 80\,[\text{dB}] - 20\,[\text{m}] \times 0.311\,[\text{dB/m}] + 40\,[\text{dB}] = 113.78\,\text{dB}$$

となる．

ただし，BS-1 形の定格出力は 105 dB のため，$Eo(\text{BS})$ は 105 dB とする．直列ユニット端末 A 点のレベル Et は

$$Et = Eo(\text{BS}) - Lo(\text{BS})$$

ここで，$Eo(\text{BS})$：増幅器出力側レベル [dB]
　　　　$Lo(\text{BS})$：総合損失 [dB]
　　　　$Et = 105\,[\text{dB}] - 42.55\,[\text{dB}] = 62.45\,\text{dB}$

よって，55 dB 以上確保されている．

第8章　電話設備

ビルの情報通信設備の代表的なものに，電話設備をあげることができる．これは，電気通信事業者からの局線といわれる通信線や建物内の内線用の配線，およびそれらを保護・収納する配管設備，各種端子盤と電話交換機や，電話機などの機器類から構成される．
この章では，電話通信技術が今後さらに飛躍的に進歩することを踏まえ，建物側で基本的に考慮しておくべき建築的対応を中心に解説する．

8.1　電話設備計画のポイント

今日のように高度情報化社会で，通話のための電話機能の他に電話回線を利用する画像通信やファックス，データ通信およびテレビ会議などの各種のサービスがある．こ

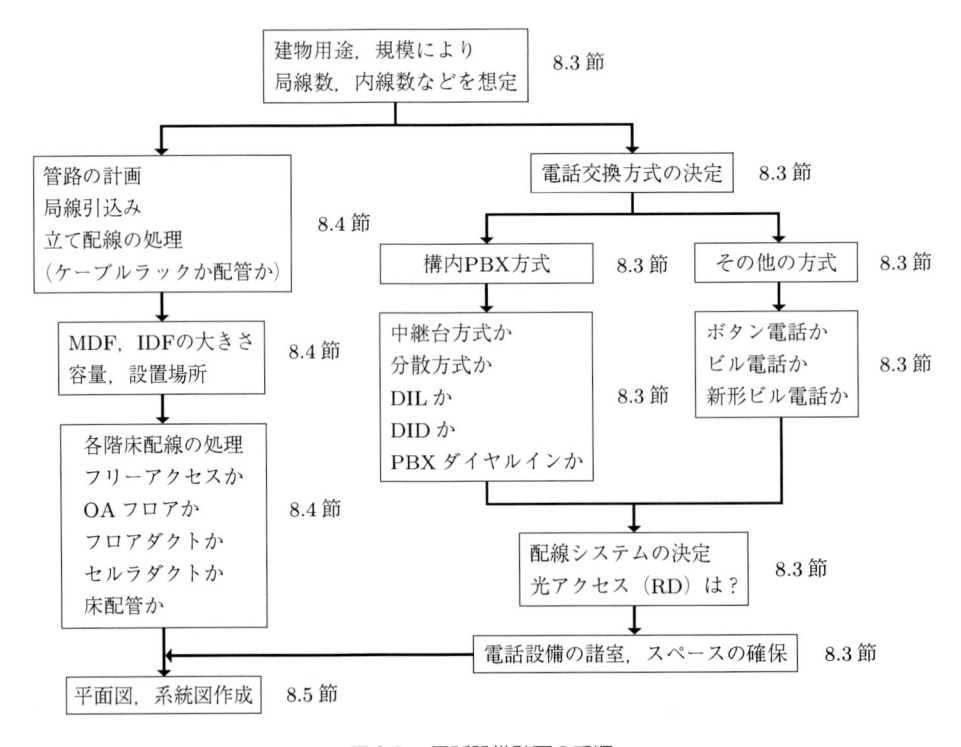

図8.1　電話設備計画の手順

れらの技術は日進月歩で，かつ最近はその技術革新のスピードが顕著で，さらに今後新しいサービスが増えていくものと考えられる．したがって，ビルの電話設備の計画にあたっては通信回線や端末機器について，NTTなどの電気通信事業者等と十分打合せを行い，設計，施工を行うことが大切である．

8.2 電話設備計画の手順

電話設備はハードとソフトのシステムが多種多様にわたるためと，事業主やテナントが独自に設置する場合もあり，一元的に計画の手順を示すことはできないが一例を図8.1に示す．

8.3 建物内の電話設備の概要

8.3.1 電話回線数の想定
局線数，内線数を業種や建物規模により想定する（表8.1）．

8.3.2 局線応答方式の比較
内線回線数により，20回線までは交換手不要で誰でも着信を受けることができるボタン電話方式，90台までは間接応答方式の分散方式，90台以上の場合は中継台方式で，直接応答方式の「ダイレクトライン方式」「ダイヤルイン方式」「ダイレクトインダイヤル方式」などが採用される（表8.2）．

表8.1 延べ面積 $10 m^2$ 当たりの内線数，局線数の目安
（PBX 実態調査報告書）

業　種	$10 m^2$ あたりの 局線数	$10 m^2$ あたりの 内線数	1内線あたりの 従業員数
官　公　庁	0.2	0.5	1.9
商事会社	0.3	1.2	1.6
銀　　行	0.2	0.5	1.2
事　務　所	0.15	0.6	1.7 ～ 3.5
デパート	0.1	0.2	20
病院(病室)	0.03	0.03	－
〃 (事務所)	0.15	0.15	－
証券会社	0.4	1.5	0.9
新　聞　社	0.2	0.7	－
ホ　テ　ル	－	－	1.9 ＋客室数

表8.2 局線応答方式

敷地の外部	建物内		方式名	交換手	代表局線と交換台を置いたとき,交換手は	サービスの内容	特徴
第一種通信事業者	局線	第一種通信事業者の機器 / 建主の機器 MDF―PBX―TEL / 中継台	局線中継台方式（ATT）	必要	必要	●オペレータによる素早くていねいな応答が可能	●交換室,休憩室,オペレータの人件費. ●間接応答方式.
	局線	MDF―PBX―局線表示器	分散中継台方式（SAT）	不要	必要	●局線からの着信応答や転送を任意の電話から行う.局線表示盤などに呼出音が鳴る.	●客先などに対するサービスの質が低下しかねない.内線者が代理の応答し転送が必要. ●間接応答方式.
	局線	MDF―PBX 単独／グループ	ダイレクトインライン（DIL）	不要	必要	●外線からの呼出しに対してグループの1台が鳴動,ほかの内線に転送も可能,不応答の場合は局線表示盤や中継台に転送.	●局線と内線が1対1の感覚があり,直接内線に着信できる.PBXの規模は大きくなる. ●直接応答方式.
	局線	MDF―PBX 内線	ダイレクトインダイヤル（DID）	不要	必要	●局線番号をプッシュホンでダイヤル後,内線番号をダイヤルし内線を呼び出す.話中や不応答のときはDIL方式と同じ.	●相手が局線番号と内線番号を知っていることが必要. ●直接応答方式.
	局線	MDF―PBX	ダイヤルイン（DI）	不要	必要	●特定の内線電話へ直接ダイヤル可能.	●発信者は直通電話をかける感覚. ●直接応答方式.

8.3.3 光アクセス装置の設置

第一種通信事業者から光ファイバで引き込む場合は，光アクセス装置（remote - terminal RT）の取付けスペースが必要となる．これは光を電気信号に変換する機能をもち，そのスペースに電源や空調や換気設備が必要となる（表8.3）．

表8.3　光アクセス装置

タイプ	100 U	500 U
収容回線	電話回線：128回線 専用線：23回線	電話回線：512回線 専用線：46回線
外形寸法	730 W × 220 D × 930 H	700 W × 450 D × 1800 H
重　量	130 kg	300 kg
電　源	単相100 V，0.9 kVA	単相100 Vまたは三相200 V，3 kVA
スペース	4 m^2（MDFなど含）	5 m^2（MDFなど含）

8.4　配線路としての管路などの計画

8.4.1　建物への引込み配管

建物への引込み配管やスペースは，将来の増設，変更などを考慮し，余裕を見込んでおく必要がある．

(1) 建物への引込みは将来の情報通信需要の増大や信頼性，保安上のセキュリティの確保・維持管理などの面から予備配管および2回線引込みなど可能な施設を考慮する．また建設当初は架空引込みであっても将来の引込み変更を予想し，地中引込み可能な配管工事をあらかじめ用意しておく方がよい．

(2) 予備配管は本引込み管と同サイズのものを1本以上設け，その他複数の電気通信事業者およびデータ通信の引込みが予想される場合はあらかじめ用意しておく．

(3) 架空引込みおよび地中引込みの場合の配管サイズは，表8.4による．

8.4.2　建物内の管路等

建物内の配管の基本的な概念は，図8.2を参考とする．

(1) 配線の要領

・MDF（主配線盤）から室内端子盤までは構内用ケーブル0.5 mmを用いる．
・中間端子盤から室内端子盤への配線は原則として単独配線とする．
・ケーブルの接続分岐は端子盤内で行う．
・公衆電話用配管は室内端子盤から単独配管とし，その電話用アウトレットの近くに100 V用のコンセントを設ける．

(2) 端子盤

・室内端子盤は，原則として事務所などの延べ面積200 m^{2}程度に1面設け，廊下や事務所内の壁に取り付ける．

表 8.4　地中引込み管路径と回線数

（NTT 配管配線ガイドブック）

公称管路径 (第一種電気通信事業者)	需要家側管路の径 [mm][1]	メタルケーブル	光ケーブル
50	54	電話 200 回線以下	600 心以下
75	82	電話 201 回線以上	601 心以上

注 1) 厚鋼電線管の場合を示す．

架空引込み

メタルまたは光		管径 [mm]
メタル	50 以下	31
	100 以下	39
	200 以下	51
光	100 心以下	31

引込み管路条数

使用目的	条数	備考
メタルケーブル用	1	回線数に応じて増加が必要
光ケーブル用	1	
専用ケーブル用など	1	
引替え予備用	1	

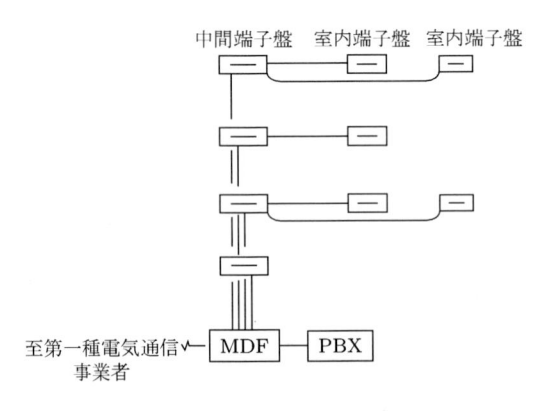

図 8.2　建屋内管路の基本図

・端子盤の形式は電灯分電盤の形式と合わせる．
・端子盤には増設端子のスペースを見込む．そのスペースは中間端子盤は実装数の 20％程度とする．

- 室内端子盤は20P程度とするが，実情に合わせて増減する．
- 端子盤間に予備配管として本配管と同一サイズのものを1本設ける．

8.4.3　埋設配管による配線

床埋込み配管による場合は，下記の事項に留意する．
- 配管サイズは表8.5による．なお，室内端子盤から電話用アウトレットの第1ボックスまでは∈(25)を使用し，末端は∈(19)とする．
- 室内端子盤と床に設置する電話や取出し口のアウトレットボックスやフロアボックス間の配管方法は，図8.3による．図のように，原則として室内端子盤からアウトレットボックスやフロアボックスに至る配管は，ボックスが3個を超えない送り配管とする．

表8.5　構内ケーブル用配管径（電気通信協会）

構内ケーブル		管の種類		ケーブル外径 [mm]	曲率半径 [mm]
種別	回線数・心線数	薄鋼電線管	硬質ビニル電線管		
メタル	30対以下	25	22	13.0以下	ケーブルの外径の6倍以上
	50対	31	28	15.5	
	100対	39	36	20.5	
	200対	51	42	28.0	
光ファイバ	8〜40心	31	28	13.5	300以上
	60〜100心	31	28	15.0	

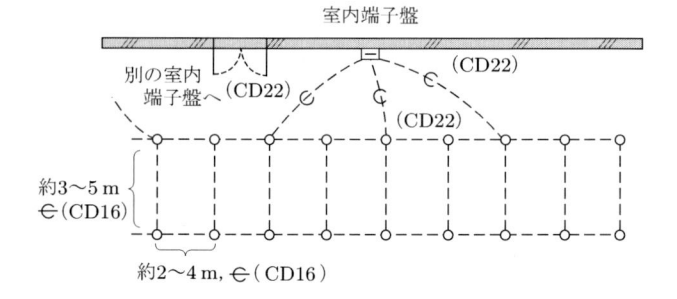

図8.3　室内端子盤－フロアボックス間配管法

8.4.4　OAフロア内の配線

一般の事務所ビルでもサーバやパソコン，ファックス，多機能電話などのOA機器を数多く使用することから，その配線処理用に二重床（OAフロア）を採用する例が多い．図8.4にOAフロア内の集合コネクタと床上のパソコン，電話器と8ピンコネクタの接続を示す．

・モジュラージャック（通信用コネクタ）を利用するのが一般的である．
・端子盤は共用部分のESP内に収容する．

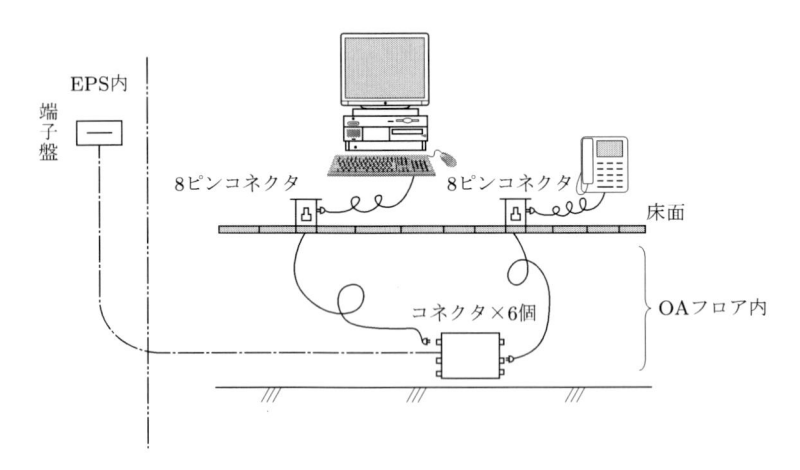

図8.4　電話，OA機器等のOAフロア内配線例

8.4.5　フロアダクトによる配線

OAフロアが普及する以前は，大型ビルでは床埋込みのフロアダクトを設置するのが普通であったが，床埋込み配管方式と同様，大量の電話，情報通信の配線処理に制約があるため，採用例が以前より少なくなっている．大きさと形によりF5，FC6，F7などの種類がある．フロアダクトを計画する場合留意する事項を下記に示す．

・電話用アウトレットの数は事務室においては最少1個/10 m^2 程度を見込む．
・床スラブ厚について計画時点で確認しておくことが必要である．
・配線の収容率は室内電話線で20％程度以内として必要断面積を算定する．
・ハイテンション（フロアダクト内の配線から電源を取り出すための床に露出したコンセント），ローテンション（フロアダクトから電話線などを床上に引き出すための引出し口）はインサートスタット（配線取出し口）の20％程度見込むものとする（図8.5）．

図8.5　フロアダクト

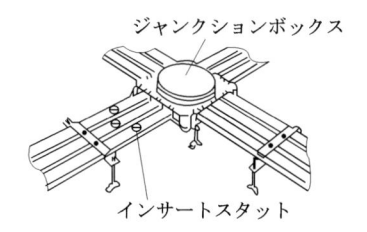

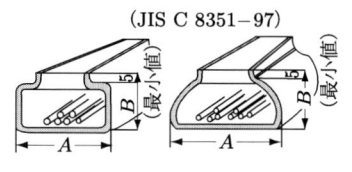

(JIS C 8351-97)

（単位：mm）

呼び	A	B	長さ
F5	50.8±0.4	25.4±0.4	3 600
FC6	60.0±0.4	23.5±0.4	3 000
F7	73.0±0.4	35.0±0.4	

8.4.6　セルラダクトによる配線

床材のコンクリート打設時に，型枠として使用するデッキプレートの波状鋼板の溝を下面からカバープレートを取付けて配線用ダクトとして利用するもので，ヘッダーダクトと組合せ使用することで処理できる配線は多く，将来の増設や用途変更などにも対応できる工法である．(図8.6)

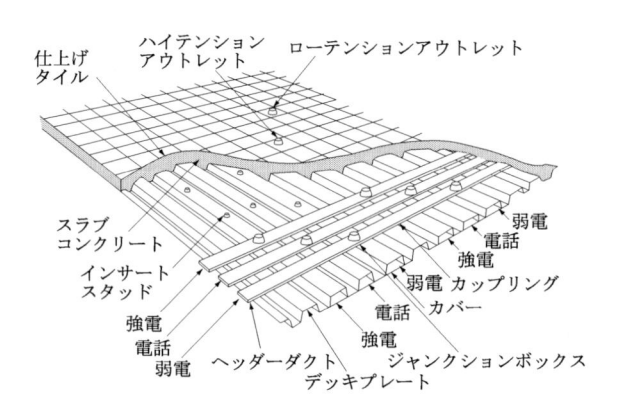

図8.6　セルラダクト配線［内規3140節より］

8.5　電話配管系統図

例題8.1では，電話，情報・通信関連の建物内管路布設，および建物側で基本的に

用意すべき機器類を系統図としてまとめる．

【例題 8.1】
下記の条件の事務所ビルの電話配管系統図を作成しなさい．
(1) 建物概要
　地下 1 階，地上 7 階建て．各階床面積 $500\,\mathrm{m}^2$，床は OA フロア，延べ床面積は $4\,000\,\mathrm{m}^2$
(2) 電話設備
　・第一種通信事業者からの外線（局線）は地中引込みとする．
　・1 階に MDF を設置し，その近くに PBX を設ける．
　・各階の立上り配線はケーブルラックを利用する．

■解説

8.5.1　回線数（局線・内線）
ここでは，局線や内線などの数量を算出し，端子盤の大きさ，配管やケーブルラックのサイズ，インナーコンセントや電話アウトレットの数量を決定する．
(1) アナログ内線数，デジタル内線数，構内 PHS 内線数を算出する．ここで，アナログ内線数はアナログ電話器台数やファクシミリ台数などの台数である．
(2) デジタル内線数はデータ端末器台数，ISDN 端末器台数を示す．
　構内 PHS 内線数は構内 PHS の子機台数とする．
　これら内線数は基準階の床面積に対して表 8.1 より内線数を算出し，当例題では機器の増設，室内の模様替えなどに対してフレキシビリティを考慮し，十分余裕をもたせた容量とする．

8.5.2　管路等
8.5.1 項で求めた回線数などにより，管路やケーブルラックおよび機器数をもとに系統図を作成する．
(1) 第一種通信事業者からの局線数も表 8.1 を用い計画する．
(2) 局線引込みの管路については表 8.4 より求め，MDF より各階の IDF（中間端子盤）までの立上り部分は EPS（電気設備用シャフト）内にケーブルラックを布設する．IDF 以降各階の事務室の床の OA フロア内に OA フロアインナーコネクタ（電話，情報）を設置する．電話配管系統図例を図 8.7 に示す．

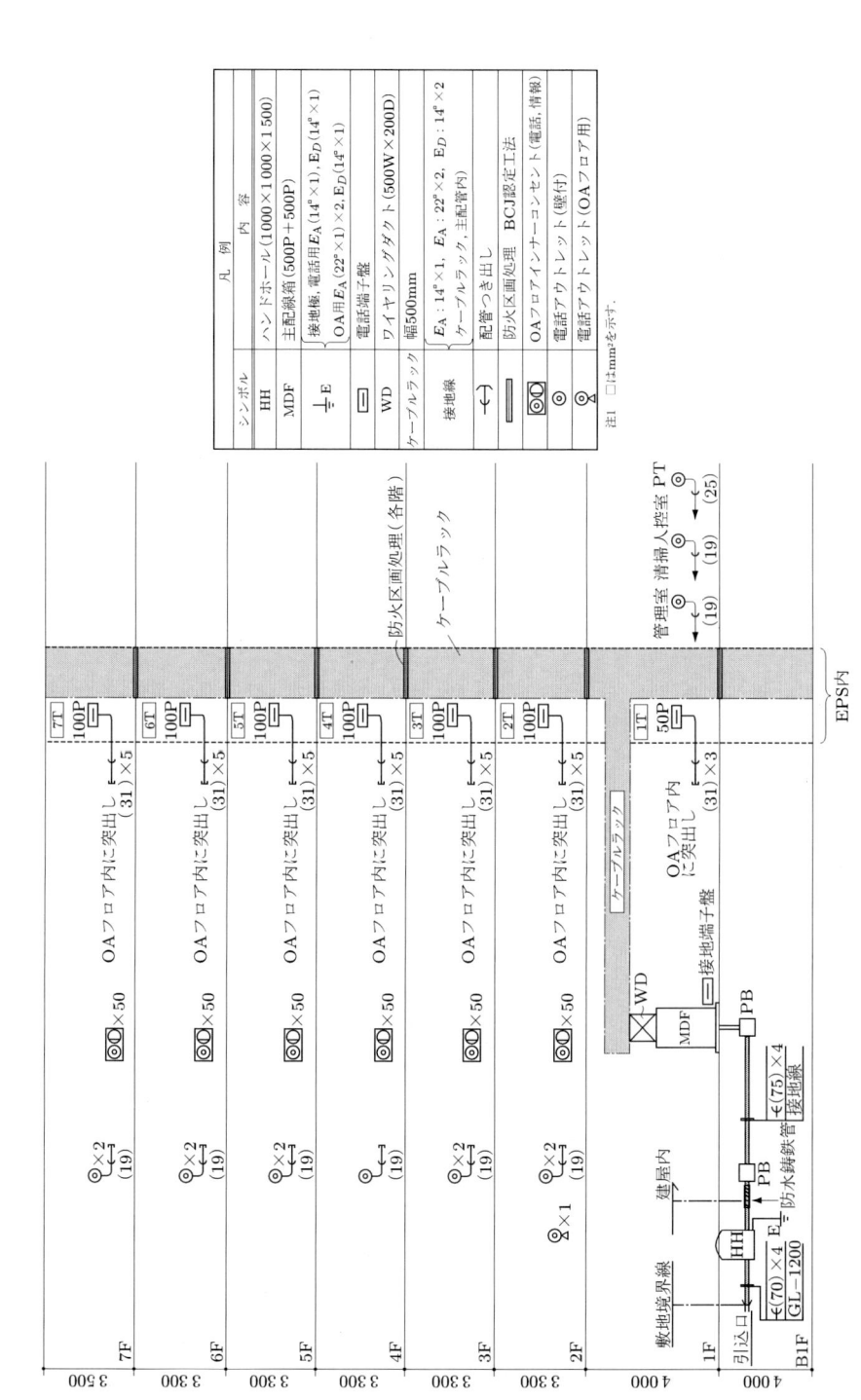

シンボル	内容
HH	ハンドホール（1 000×1 000×1 500）
MDF	主配線箱（500P+500P）
⏚E	接地極，電話用 E_A（14″×1），E_D（14″×1） OA用 E_A（22″×1）×2，E_D（14″×1）
▭	電話端子盤
WD	ワイヤリングダクト（500W×200D）
ケーブルラック	幅500mm
─•─	接地線 E_A：14″×1，E_A：22″×2，E_D：14″×2 ケーブルラック，主配管内
─←	配管つき出し
	防火区画処理　BCJ認定工法
◎	OAフロアイナーコンセント（電話，情報）
◉	電話アウトレット（壁付）
⏣	電話アウトレット（OAフロア用）

注1　□はmmを示す．

図 8.7　電話配管系統図

8.5　電話配管系統図 ───── 119

第9章　放送設備

　放送設備は，特定または不特定の人達に同一の情報を同時に伝えることを目的として設置される．Public Address（PA）といわれるのはこのためである．呼出し，業務放送などの伝達に用いられるものと，劇場や演奏会などに使われる音響設備がある．
　この章では，一般の建物で使用される業務放送や呼出し用としての放送設備と，緊急時の避難誘導のため「消防法」で規定されている非常放送設備の計画・設計に必要な設置基準や，実務例としての事務所ビルのPAシステムを取り上げて解説する．

9.1　放送設備計画のポイント

　呼出しや伝達のほかに，環境音楽としてのBGMや火災などの緊急避難の誘導用として「消防法」で非常放送設備として規定されており，ある一定規模以上の建物や用途により，設置が義務づけられている．一般には，業務放送設備と非常放送設備は兼用型としている．

9.2　放送設備計画の手順

　放送設備の計画のフローを図9.1に示す．

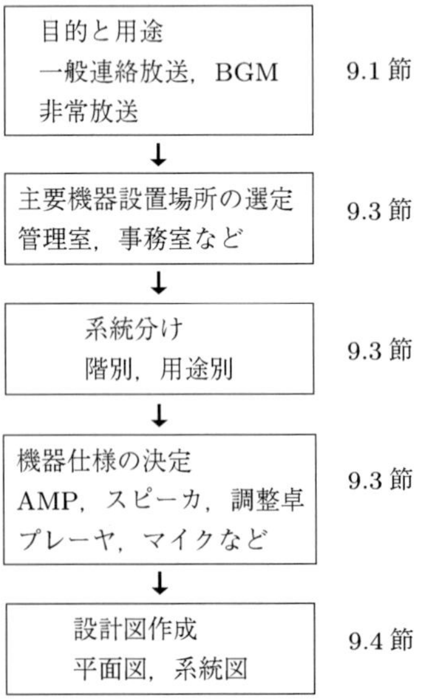

9.3　放送設備の概要

9.3.1　構　成

　基本要素として図9.2のように増幅器，マイクロホン，スピーカがあり，その周辺機器としてBGM演奏装置，レコードプレーヤ，CDプレーヤ，テープレコーダ，ラジオ，チューナ，時報チャイム，リモコンマイク，スピーカセレクタなどがある．

目的と用途
　一般連絡放送，BGM
　非常放送　　　　　　　　　9.1節
↓
主要機器設置場所の選定
　管理室，事務室など　　　　9.3節
↓
系統分け
　階別，用途別　　　　　　　9.3節
↓
機器仕様の決定
　AMP，スピーカ，調整卓
　プレーヤ，マイクなど　　　9.3節
↓
設計図作成
　平面図，系統図　　　　　　9.4節

注）消防法上の非常放送と兼用する場合は法的規制を考慮する．

図9.1　放送設備計画の手順

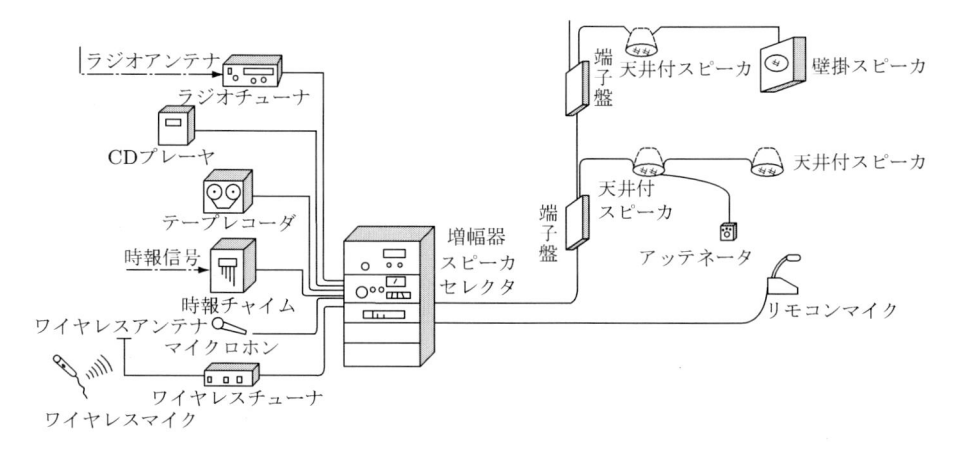

図 9.2　放送設備の構成

9.3.2　機器の種類と特性

（1）増幅器（AMP）

増幅器は放送設備の出力を決定する主要な装置であり，容量や設置場所などについても運用上配慮することが大切である．

（a）定格出力

定格出力は，スピーカの総入力（スピーカの定格ワット[W]数の合計）より上位の標準定格出力のものを選定する．

（b）増幅器の分類

増幅器の分類は，以下のようになる．

- 携帯型：15W程度までの容量のもので小形軽量である．
- 卓上型：60W程度までの小規模のもので機種が多い．
- デスク型：出力は600W程度以上でテープレコーダ，レコードプレーヤ，ラジオなどの組込みが可能．専用の放送室，音響調整室などで用いられる．
- ロッカー型：ユニットは追加することで出力を大きくできる．中規模程度以上のAMPとして使用される．

（c）インピーダンスマッチング

増幅器の出力インピーダンスとスピーカの入力インピーダンスを等しくすることをいう．一般に，通信回路において一次側と負荷側のインピーダンスが等しくないと電流の反射が起こり，雑音や損失が大きくなる．

(d) ローインピーダンスとハイインピーダンス

・ローインピーダンス

　線路電圧は低く，低いインピーダンスコイルのスピーカに増幅器を直接接続する方法でオーディオ用放送設備など音質のよい点に特徴がある．線路損失が大きくスピーカの近くに増幅器を設ける必要がある．

・ハイインピーダンス

　スピーカにマッチングトランスを内臓させて入力インピーダンスを大きくして接続する方式で，線路電圧は一般に 100 V としている．この方式の特徴は，一般のビル用業務放送用などに適している．その理由は線路損失が少なく，配線を長くできる点やマッチングが容易にとれ，並列に数多くのスピーカを接続できるからである．

(2) マイクロホン

マイクロホンは，放送の用途別に種類や指向性を考慮しなければならない．

(a) 種　類

一般に，ビル内の連絡用放送として使用されるマイクロホンは，単一指向性ムービングコイルマイクロホン（ダイナミック型）が多い．

その他に，ホール音響用の高性能を要求されるものにコンデンサ型が，ステージマイクとしてリボン型（ベロシティ）が，また簡単なアナウンスやテープレコーダ用として使用される圧電型（セラミック，クリスタル）などがある．

(b) 指向性

表 9.1 に示すように，無指向性，単一指向性，両指向性などがあり，それぞれ特徴がある．

表9.1　マイクロホンの指向性

指向性種類	特　　徴
無指向性	○マイクロホンの周囲のすべての方向からの音を同一感度としてとらえる． ○騒音レベルの大きいところは，目的外の音を収音するので不適当 ○周囲の音を収音するときに採用 ○残響の多い室では，ハウリングが起きやすく不適当
単一指向性	○マイクロホンに対してある一方向のみの音の感度特性がよい． ○残響の多い室では，ハウリングが起きにくい． ○目的外の音を収音したくないときに採用（一般に用途が広い）
両指向性	○マイクロホンに対して前後方向のみの感度がよい． ○残響の多い室では，ハウリングが起きやすく不適当 ○前後の音のみ収音するときに採用

表9.2　マイクロホンの特性

	ハイインピーダンス	ローインピーダンス	
出力形式	不平衡	不平衡	平　衡
インピーダンス	2 kΩ～50 kΩ	50Ω～1 kΩ	
音　質	普通	よい	よい
誘導雑音	外部より受けやすい	受けやすい	受けにくい
最大配線こう長	10 m 以下	20 m 以下	80 m 以下

（c）出力インピーダンス

出力インピーダンスには，表9.2に示すようにハイインピーダンスとローインピーダンスがあり，出力形式に平衡式と不平衡式がある．

（3）スピーカ

スピーカは「コーン形」と「ホーン形」に大別され，設置場所や用途に特徴がある．

（a）種　類

無指向性の「コーン形（壁掛け形と天井埋込み形）」と有指向性の「ホーン形（トランペット形）」の可搬形と壁掛け形に分類される．

「コーン形」は室内放送用や音楽用として使用され，平均入力が「ホーン形」に比べて小さく，事務室，教室，病室などで用いられるものは直径16 cm，許容入力2 W，消費電力1 Wが最も一般的に用いられる．

集会場や講堂，工場で用いられるもので最大のものは直径30 cm，許容入力10 W，消費電力5 Wのものもある．これはコーン型スピーカを複数台組み合わせ収容した複合型のスピーカである．

（b）特　徴

コーン形スピーカは振動板が紙で作られているため，音質はよいが湿気が多い場所や屋外などの使用には適さない．

ホーン形は屋外，体育館，騒音のある工場などに使用される．許容入力6 W，消費電力3 Wから許容入力20 W，消費電力10 Wの大型のものがある．

（4）スピーカの設置基準

同一音圧を確保するには空間的広がりの大きさにより，多くのスピーカを設置しなければならないが，以下に示す図表などを利用して台数などを求めることができる．

・天井付きスピーカの取付け間隔と，天井高さおよびスピーカ1個が受けもつことができる面積については表9.3を参照．
・部屋の床面積と天井高さによるスピーカ（コーン形）の数の関係については，図9.3を参照のこと．

表9.3　天井付きスピーカの取付け間隔

用途	天井高さ [m]	スピーカ間隔 [m]	スピーカ1個のカバーする面積 [m²]
一般放送	−	9〜12	81〜144
BGM	2.5以下	5	25
	2.5〜4.5	6	36
	4.5〜15	9	81

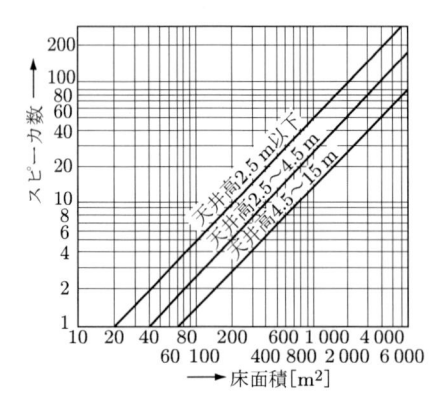

図9.3　コーン形スピーカの床面積と天井の高さによるスピーカ数の関係

図9.4　講堂，ホール，体育館のスピーカ

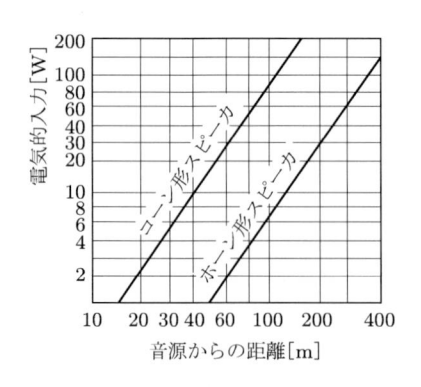

図9.5　屋外のスピーカ

・講堂，ホール，体育館などの大空間におけるスピーカの総入力 [W] は図9.4を参照のこと．
・屋外型スピーカの音源からの距離とスピーカ入力 [W] の関係は，図9.5を参照のこと．

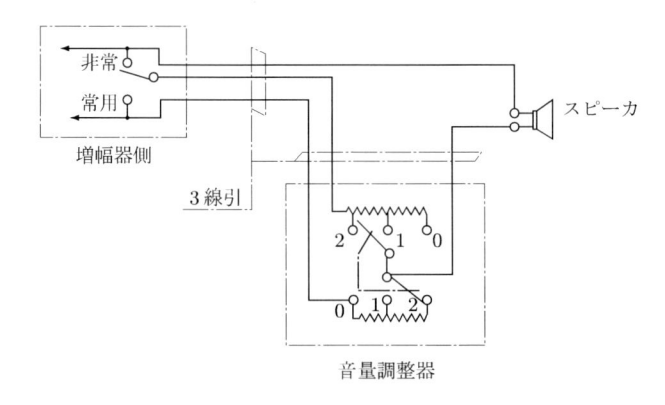

図9.6　3線式配線

- スピーカの音量を調節する場合は，アッテネータ（音量調整器）を設ける．非常放送の場合，アッテネータで OFF の状態でも 3 線式配線により強制放送ができること（図 9.6）．

(5) 配　線

放送設備の配線の種類と，非常用放送設備の配線の種類には制約がある．

- マイクロホン用配線は MVVS $0.5\,\mathrm{mm}^2$-2C を使用し，単独配管とする．
- 一般放送用配線は，IV（600 V ビニル絶縁電線），CPEV ケーブルなどを使用する．
- 非常放送の場合は，配管工事で埋設する場合は 600 V 2 種ビニル絶縁電線（HIV），HP ケーブルを使用する．露出配線の場合は，MI ケーブル，HP ケーブル以上の耐熱性電線とする．
- 全館放送に用いる配線は，AMP（増幅器）の出力端子に並列に接続する（直列接続の場合は 1 箇所の断線で放送不可となる）．

9.3.3　非常警報設備と非常放送設備

建物内で発生した火災を建物内の人々に知らせ，避難や誘導，初期消火活動に迅速に対応できるようにするための設備である．種類としては非常ベル，サイレン，放送設備などがある．

(1) 設置基準

非常警報設備としての規定は，「消防法施行令第 24 条」で定められている．

(2) 設置の緩和

非常警報設備が設置される建物では，非常ベル，自動式サイレンまたは放送設備のどれか一つを設置しなければならない場合は，自動火災報知設備の有効な範囲内においては，これを省略することができる．非常ベルと放送設備または自動式サイレンと

表9.4　非常警報設備設置基準（消令24条）

消防用設備等の種類 防火対象物の別 （消令別表一）			非常警報設備			
			放送設備，非常ベル，自動式サイレンのうち1種		放送設備と非常ベルまたは放送設備と自動式サイレン	
			収容人員（以上）			階　　数
			一般	無窓階，地階	一般	
(1)	イ	劇場，映画館，演芸場，観覧場	50	地階及び無窓階の収容人員が20人以上	300	地階を除く階数が11以上のものまたは地階の階数が3以上のもの
	ロ	公会堂，集会場				
(2)	イ	キャバレー，カフェ，ナイトクラブの類	50			
	ロ	遊技場，ダンスホール				
(3)	イ	待合，料理店の類	50			
	ロ	飲食店				
(4)		百貨店，マーケット，その他の物品販売業を営む店舗または展示場	50			
(5)	イ	旅館，ホテル，宿泊所	20		300	
	ロ	寄宿舎，下宿，共同住宅	50		800	
(6)	イ	病院，診療所，助産所	20		300	
	ロ	老人福祉施設，有料老人ホーム，救護施設，厚生施設，児童福祉施設，身体障害者更正援護施設，精神薄弱者援護施設	50			
	ハ	幼稚園，盲学校，聾学校，養護学校				
(7)		小学校，中学校，高等学校，高等専門学校，大学，専修学校，各種学校の類	50		800	
(8)		図書館，博物館，美術館の類	50			
(9)	イ	蒸気浴場，熱気浴場の類	20		300	
	ロ	イに掲げる公衆浴場以外の公衆浴場	50			
(10)		車両の停車場，船舶または航空機の発着場	50			
(11)		神社，寺院，教会の類	50			
(12)	イ	工場，作業場	50			
	ロ	映画スタジオ，テレビスタジオ				
(13)	イ	自動車車両，駐車場	50			
	ロ	飛行機または回転翼航空機の格納庫				
(14)		倉庫	50			
(15)		前各項に該当しない事業場（事務所，銀行，裁判所等）	50			
(16)	イ	特定用途を含む複合用途防火対象物	50		500	
	ロ	イ以外の複合用途防火対象物				
(16-2)		地下街			全　　部	
(16-3)		準地下街				
(17)		重要文化財，重要民俗資料，史跡，重要美術品等の建造物	50			

放送設備の組合せのいずれかが必要となるときは，自動火災報知設備があれば非常ベル，自動式サイレンは免除されるので，自動火災報知設備と放送設備を設ければよいわけである．一定以上の収容人員があるものや，地階を除く階数が 11 以上のもの，または地階の階数が 3 以上のものは放送設備が必要となる（表 9.4）．

（3）非常放送設備

非常放送設備の機器類に要求されるポイントは，以下のとおりである．

- 一般の放送と兼用するものについては，緊急時に一般放送を一時遮断して放送できること．
- スピーカは放送区域ごとに，その部分のいずれからの水平距離が 10 m 以下で，放送区域の大きさに相当する型のスピーカを設置する．
- スピーカ型は L 級，M 級，S 級とし，（$S \leqq 50\,m^2 < M \leqq 100\,m^2 < L$）の区分に従い設置する．
- スピーカを階段または傾斜路に設置する場合は，垂直距離 15m につき L 級のものを 1 個以上設ける．
- スピーカの音圧はスピーカから 1 m 離れた位置で L 級：92 dB 以上，M 級：87 dB 以上 ～ 92 dB 未満，S 級：84 dB 以上 ～ 87 dB 未満であること．
- 隣接する放送区域のスピーカまでの距離が 8 m 以下の場合は，スピーカを設けないことができる．たとえば，居室，地上に通じた廊下，通路で 6 m^2 以下のもの．その他で 30 m^2 以下のもの．
- 音量調節器を設ける場合は 3 線式配線ができること．
- 停電時も 10 分間放送可能な非常電源を有すること．
- 出火階が 2 階以上の場合は出火階と直上階，1 階の場合は出火階，直上階と地階，地階の場合は出火階，直上階とその他の地階に限って警報できること．
- 非常警報設備は，非常放送設備委員会が認定を行い，適合品には合格証が貼付されている．また，スピーカはメーカーが自主認定を行っている．

9.4 放送設備の平面図および系統図の作成

例題 9.1 では，事務所ビルの基準階の放送設備の計画を行い，図 9.8 の実施例の系統図と対比し，放送設備をシステムとして学習する．

【例題 9.1】

下記の条件で，地上 6 階建て，地下 2 階の事務所ビルの放送設備を計画しなさい．
(1) 当ビルの基準階の平面図は図 6.2（モデルプラン）とし，平面図（配線図）を作成する．
(2) (1) の平面図と実例の系統図を比較する．

■解説

9.4.1 平面図

つぎの事項を考慮し，機器の配置と配線を行い平面図を完成する．
(1) 業務放送と消防法上の非常放送兼用とする．
(2) 3 階の事務室内に AMP，リモートマイクを設け，端子盤を EPS 内に設置する．
(3) 事務室と小会議室は同一放送系統とし，エレベータホール，ロッカー室は事務室系統と別系統とする．
(4) 図 9.3 などを参考にしてコーン形スピーカの数を求め平面図に配置する．
(5) 事務室，小会議室とロッカー室にアッテネータ（音量調整器，ATT）を設ける．
(6) アッテネータへの配線は 3 線引とし，ここでは AE ケーブル（耐熱警報用）を採用する．
(7) ほかの階への立上り，立下り配線は EPS 内のケーブルラックに布設する．

放送設備平面配線図を図 9.7 に示す．

9.4.2 系統図

平面配線図をもとに各階の用途，室名，間仕切などの相違によるスピーカやほかの機器類の配置や個数および配線を調節し系統図を作成する．ここでは実施例を図 9.8 に示す．

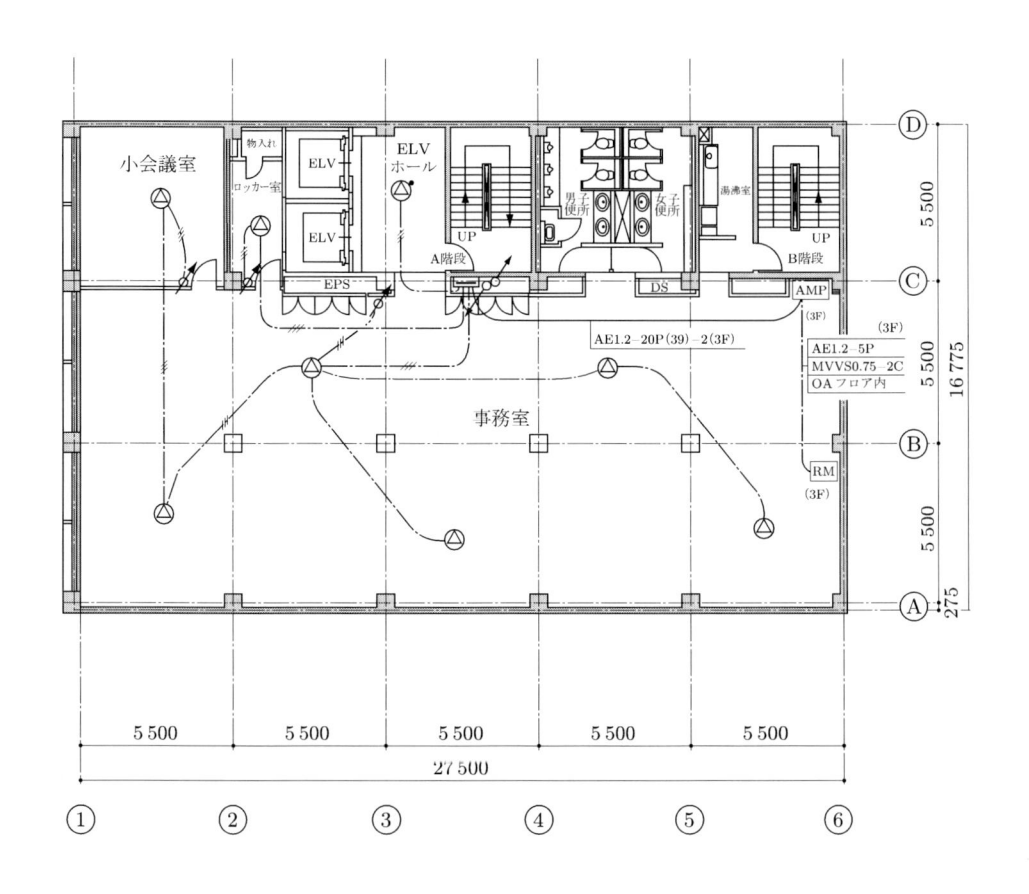

シンボル	内　容
AMP	増幅器
◬	天井埋込みスピーカ1W
◬•	天井埋込みスピーカ音量調整器（アッテネータ）付
∅	アッテネータ
RM	リモートマイク
────	配管配線
──///──	AE1.2-3Cケーブル配線
⊡	端子盤
⚬⚬	立上り，立下り配線

図 9.7　基準階放送設備平面配線図

9.4　放送設備の平面図および系統図の作成

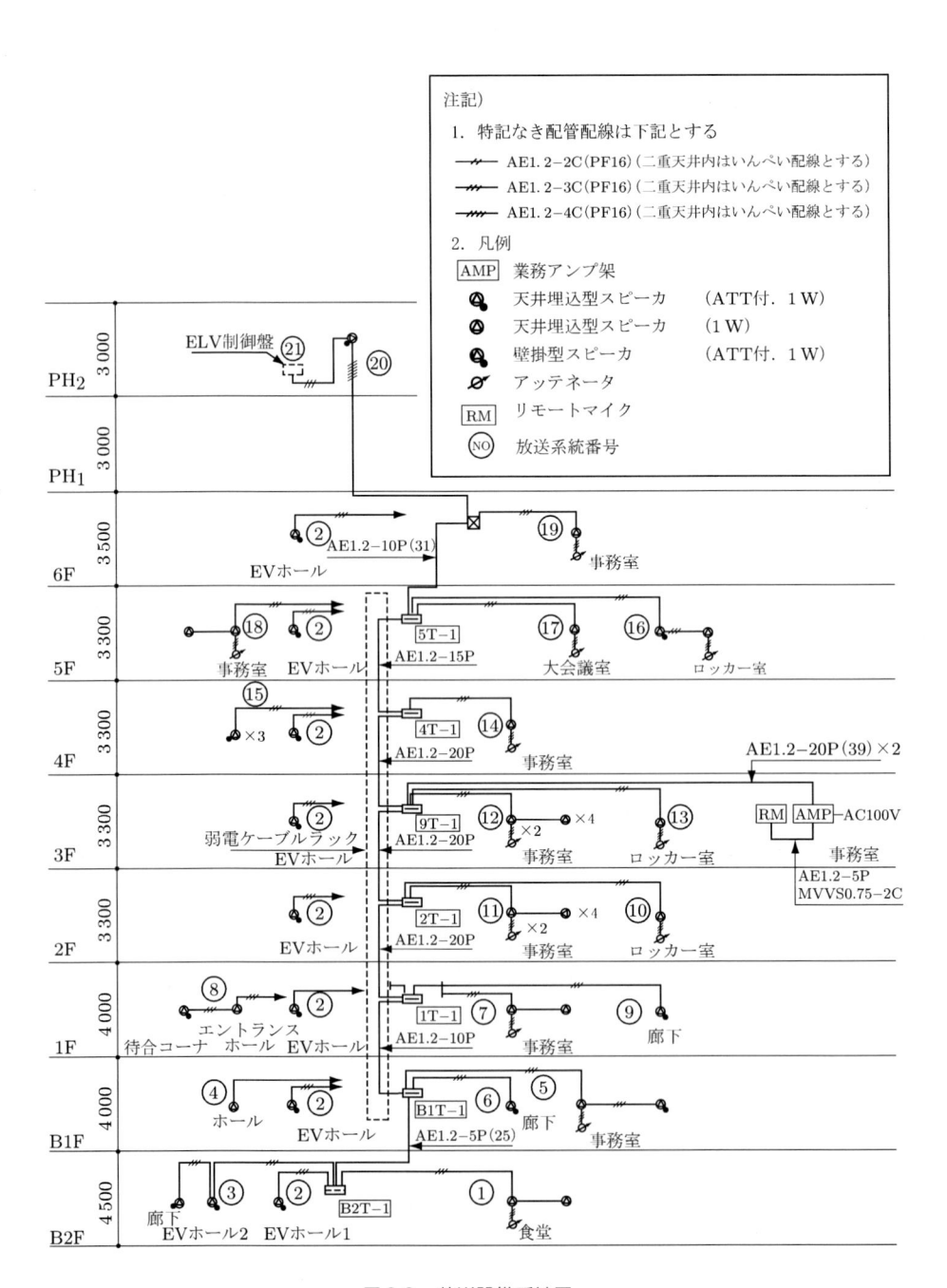

図 9.8　放送設備系統図

第10章　自動火災報知設備

　自動火災報知設備は，建物内で発生した火災を初期の段階で自動的に感知し，館内の人々に報知する装置で，システムの構成は受信機，感知器，中継器，発信機，音響装置，表示ランプなどから成り立っている．
　この章では法令で定められている設置基準の概要の解説と，基本的な平面図と系統図の作成例を示し，自動火災報知設備の計画，設計の基礎に役立つ内容とした．

10.1　自動火災報知設備計画のポイント

　自動火災報知設備は，消防法やその関連法規である「消防法施行令」「消防法施行規則」や「火災予防条例」などにより，設置基準，技術基準や運用基準が詳細に定められている．

10.2　計画の手順

　自動火災報知設備は設置基準が法令により規定されているので，図 10.1 の手順に準じて計画する．

10.3　計画上の留意点

10.3.1　設置の緩和（消令 21 条）

　自動火災報知設備はスプリンクラ，水噴霧消火，泡消火設備（いずれも 75 ℃ 以下で 60 秒以内作動の閉鎖型）の有効範囲内は設置が免除される．ただし，令別表第一の 1〜4 項，5 項イ，6 項，9 項イ，16 項イ，16 の 2 項，16 の 3 項の防火対象物および，煙感知器の設置が規定されている部分は緩和されない．

10.3.2　警戒区域の範囲（消令 21 条，消規 23 条）

　自動火災報知設備の防火対象物の警報，警戒の最小単位が警戒区域であるが，以下の基準がある．
　(1) 警戒区域は 2 以上の階にわたらないこと．ただし，警戒区域が 500 m^2 以下で 2

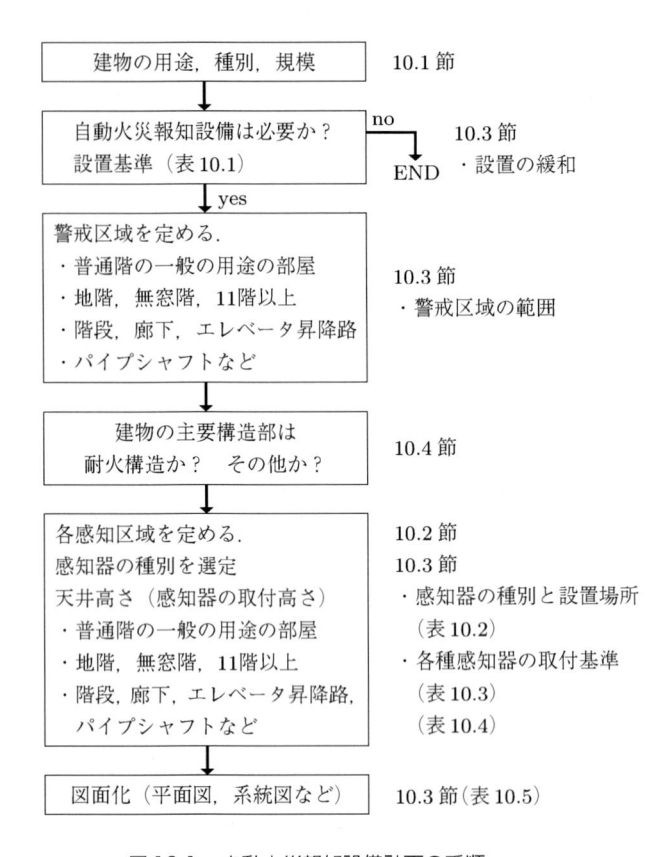

```
┌─────────────────────────┐
│ 建物の用途，種別，規模  │    10.1 節
└───────────┬─────────────┘
┌───────────┴─────────────┐  no
│ 自動火災報知設備は必要か？├──→ 10.3 節
│ 設置基準（表10.1）      │  END ・設置の緩和
└───────────┬─────────────┘
          yes
┌───────────┴─────────────┐
│ 警戒区域を定める．      │
│ ・普通階の一般の用途の部屋│   10.3 節
│ ・地階，無窓階，11階以上 │  ・警戒区域の範囲
│ ・階段，廊下，エレベータ昇降路│
│ ・パイプシャフトなど    │
└───────────┬─────────────┘
┌───────────┴─────────────┐
│ 建物の主要構造部は      │   10.4 節
│ 耐火構造か？ その他か？ │
└───────────┬─────────────┘
┌───────────┴─────────────┐
│ 各感知区域を定める．    │   10.2 節
│ 感知器の種別を選定      │   10.3 節
│ 天井高さ（感知器の取付高さ）│
│ ・普通階の一般の用途の部屋│ ・感知器の種別と設置場所
│ ・地階，無窓階，11階以上 │   （表10.2）
│ ・階段，廊下，エレベータ昇降路，│ ・各種感知器の取付基準
│  パイプシャフトなど    │   （表10.3）
│                         │   （表10.4）
└───────────┬─────────────┘
┌───────────┴─────────────┐
│ 図面化（平面図，系統図など）│ 10.3 節（表10.5）
└─────────────────────────┘
```

図 10.1　自動火災報知設備計画の手順

の階にわたる場合，または階段，傾斜路，パイプダクトなどの場合は警戒区域は同一としてよい．

(2) 警戒区域の面積は，$600\,\mathrm{m}^2$ 以下で 1 辺の長さは $50\,\mathrm{m}$（光電式分離型は $100\,\mathrm{m}$）以下とする．ただし，主要な出入口から内部を見通せる場合は $1\,000\,\mathrm{m}^2$ 以下とすることができる．

10.3.3　受信機の設置（消規 24 条）

受信機は，火災警報を受信した際，人が確実に認知することが必要であるため，常時人がいる場所，またはそれに準ずる場所で，その建物や施設の管理運営の中枢となる場所に設置するとともに，操作の容易さや，火災箇所の特定，避難警報の発信などのため以下の点を考慮して計画する．

(1) 受信機は，防災センターなどに設け，操作スイッチは床から $0.8 \sim 1.5\,\mathrm{m}$ の範囲

表 10.1　自動火災報知設備の設置基準（抜粋）

[消令 21 条, 消規 23 条]

防火対象物の区分		種類 / 特定防火対象物	自動火災報知設備 消令第 21 条 一般	地階又は無窓階	地階・無窓階・3 階以上の階	11 階以上の階	通信機器室	指定可燃物	道路と建築物が一体をなすもの	消規第 23 条 煙感知器 階段	天井の高さ	廊下・通路	地階・無窓階 11 階以上
(1)	イ	劇場, 映画館, 演芸場等	特	延面積 300 m² 以上	床面積 300 m² 以上	駐車の用に供する部分の床面積 200 m² 以上 (但し駐車するすべての車両が同時に屋外に出ることができる構造の階を除く)	11 階以上の階全部	床面積 500 m² 以上	危政令別表第四に定める数量の五百倍以上の指定可燃物を貯蔵し, 又は取り扱うもの	別表第一の防火対象物の道路の用に供される部分で, 床面積が, 屋上部分は 600 m² 以上, それ以外の部分は 400 m² 以上のもの	階段及び傾斜路, エレベータの昇降路, リネンシュート, パイプダクトその他これらに類するもの	感知器（炎感知器を除く）の取付け面の高さが 15 m 以上 20 m 未満の場所	○	○
(1)	ロ	公会堂, 集会場等	特									○	○
(2)	イ	キャバレー, ナイトクラブ等	特	300	床面積 100 m² 以上							○	○
(2)	ロ	遊技場, ダンスホール等	特	300								○	○
(3)	イ	待合, 料理店等	特	300	100							○	○
(3)	ロ	飲食店等	特	300								○	○
(4)		百貨店, マーケット, 店舗等	特	300								○	○
(5)	イ	旅館, ホテル, 宿泊所等	特	300								○	○
(5)	ロ	寄宿舎, 下宿, 共同住宅等		500								○	○
(6)	イ	病院, 診療所, 助産所等	特									○	○
(6)	ロ	老人, 児童福祉施設等	特	300								○	○
(6)	ハ	幼稚園, 盲・聾学校, 養護学校等	特									○	○
(7)		小, 中, 高, 専, 大学等		500								※4	△
(8)		図書館, 博物館, 美術館等		500								※4	△
(9)	イ	蒸気浴場, 熱気浴場等	特	200								○	○
(9)	ロ	イ以外の公衆浴場等		500									
(10)		車両の停車場, 船舶, 航空機の発着場等		500								※4	△
(11)		神社, 寺院, 教会等		1000									
(12)	イ	工場, 作業場等		500								○	○
(12)	ロ	映画スタジオ, テレビスタジオ等											
(13)	イ	車庫, 駐車場等		500								※4	△
(13)	ロ	格納庫		全部									
(14)		倉庫		500									
(15)		前各項に該当しない事業場		1000								○	○
(16)	イ	特定防火対象物を含む複合用途防火対象物	特	延 500 以上で特定部分の合計 300 以上	※2							○	○
(16)	ロ	イ以外の複合用途防火対象物		※1								※4	△
(16の2)		地下街	特	300								○	○
(16の3)		準地下街	特	延 500 以上で特定部分の合計 300 以上								○	○
(17)		文化財等		全部								※4	△ ※3

備考　1.　㋵印は, 特定防火対象物を示す.
　　　2.　○印は, 煙感知器を設けなければならない場所（道路の用に供する部分を除く）.
　　　3.　△印は, 高感度の熱感知器, 又は煙感知器を設置することを示す（道路の用に供する部分を除く）.
　　　4.　※1印は,（1）項から（15）項までのうち, それぞれの基準面積に達した部分について設置する.
　　　5.　※2印は, 地階又は無窓階で,（2）項又は（3）項に掲げる防火対象物の用途に供される部分の床面積の合計が, 100 m² 以上の階.
　　　6.　※3印は, 感知器の種別等については特に規定されていないが, 状況に応じた適切な感知器を選ぶこと.
　　　7.　※4印は, 地階, 無窓階, 11 階以上の階の廊下, 通路は煙感知器を設ける.

に設置する．
(2) 主音響装置および副音響装置の音圧および音色は，ほかの警報音または騒音と明らかに区別して聞き取ることのできるものとする．
(3) 2以上の受信機があるときは，受信機のある場所相互間で同時通話および地区音響装置の鳴動が可能とする．

10.3.4 感知器設置上の一般事項（消令21条，消規23条）

火災によって生じる熱や煙，赤外線，あるいは紫外線などのセンサの役目をする感知器は，機能面や形状の違いにより，その種類は多く，それぞれ設置上の制約があるので以下の点に注意して計画する．

(1) 感知器は天井部分および天井裏の部分に設ける．ただし，主要構造部を耐火構造とした建築物では，天井裏の部分に設けないでよい．
(2) 感知器は，つぎの場所以外の場所に設ける（炎感知器を除く）．
　(a) 取付け面の高さが20m以上の場合
　(b) 上屋その他外部の気流が流通する場所
　(c) 天井裏で天井と上階の床との間が0.5m未満の場所
　(d) 煙感知器および熱煙複合式スポット型感知器では，上記のほかつぎに掲げる場所
　　① 塵埃，微粉または水蒸気が多量に滞留する場所
　　② 腐食性ガスが発生するおそれのある場所
　　③ 厨房その他正常時において煙が滞留する場所
　　④ 著しく高温となる場所
　　⑤ 排気ガスが多量に流入するおそれのある場所
　　⑥ 結露が発生する場所
　　⑦ 煙が多量に流入するおそれのある場所
　　⑧ その他，感知器の機能に支障を及ぼすおそれのある場所
(3) 炎感知器は，(2)の(c)に掲げる場所のほか，つぎに掲げる場所以外の場所に設ける．
　　ⓐ (2)，において(d)の②から④まで，⑥および⑦に掲げる場所
　　ⓑ 水蒸気が多量に滞留する場所
　　ⓒ 火を使用する設備で火炎が露出するものが設けられている場所
　　ⓓ その他，感知器の機能に支障を及ぼすおそれのある場所
(4) 差動式分布型，光電式分離型を除き，空気吹出し口から1.5m以上離して設ける．
(5) 感知器の下端は，取付け面の下方0.3m（煙感知器は0.6m）以内に設ける．

(6) 補償式スポット型，定温式スポット型感知器は，正常時の最高周囲温度が公称作動温度または定温点より20度以上低い場所に設ける．

(7) 感知区域とは，壁または取付け面から0.4 m（差動式分布型，煙感知器は0.6 m）以上突き出したはりなどによって区画された部分をいう（図10.2，図10.3）．

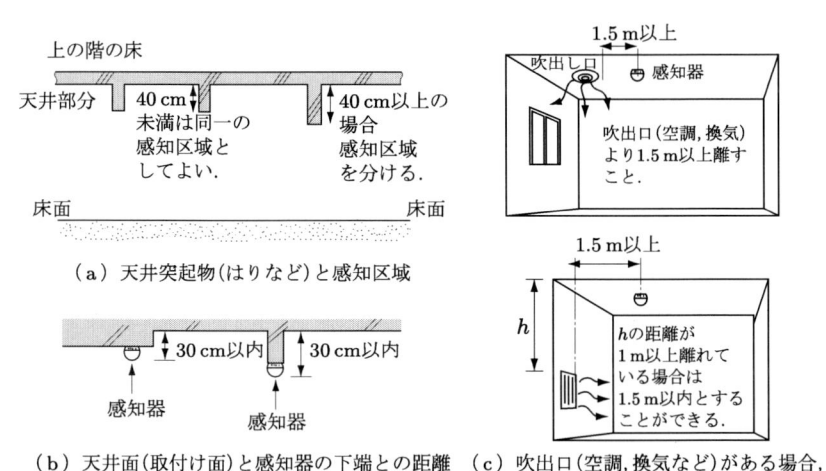

（a）天井突起物（はりなど）と感知区域

（b）天井面（取付け面）と感知器の下端との距離

（c）吹出口（空調，換気など）がある場合，感知器は1.5 m以上離すこと．

図10.2　熱式感知器（作動式，定温式，補償式スポット型など）の設置方法

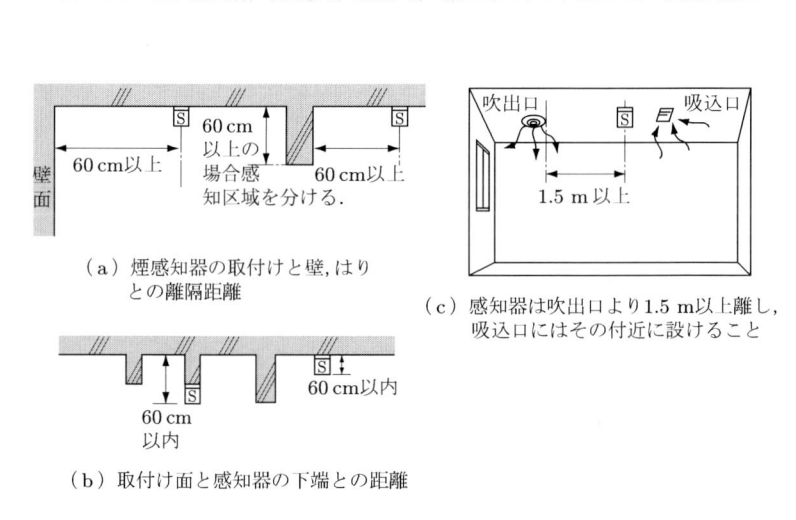

（a）煙感知器の取付けと壁，はりとの離隔距離

（b）取付け面と感知器の下端との距離

（c）感知器は吹出口より1.5 m以上離し，吸込口にはその付近に設けること

図10.3　煙感知器（イオン化式，光電式スポット型など）の設置方法

10.4 平面図および系統図の作成

例題 10.1 では，建物の構造，用途，部屋の種類，天井高などにより設置基準が異なることに注意して計画する．

【例題 10.1】

以下の条件の，事務所ビルの 3 階部分の自動火災報知設備の平面図を作成しなさい．
(1) B1F，地上 4 階，PH1F，PH2F の事務所ビルとする．
(2) 本建物の主要構造部は耐火構造であり，各階とも消防法上の無窓階ではない普通階とする．
(3) 階段の感知器は 3 階と最上部分に取り付け，エレベータシャフトの感知器はエレベータ機械室に取り付ける．
(4) 受信機は 1 階に設置し，P 型 1 級とする．
(5) 各階での終端抵抗は機器収納箱内に収納されている．
(6) 3 階の天井高さは 2.7 m で，はりなどの突出物は存在しない．

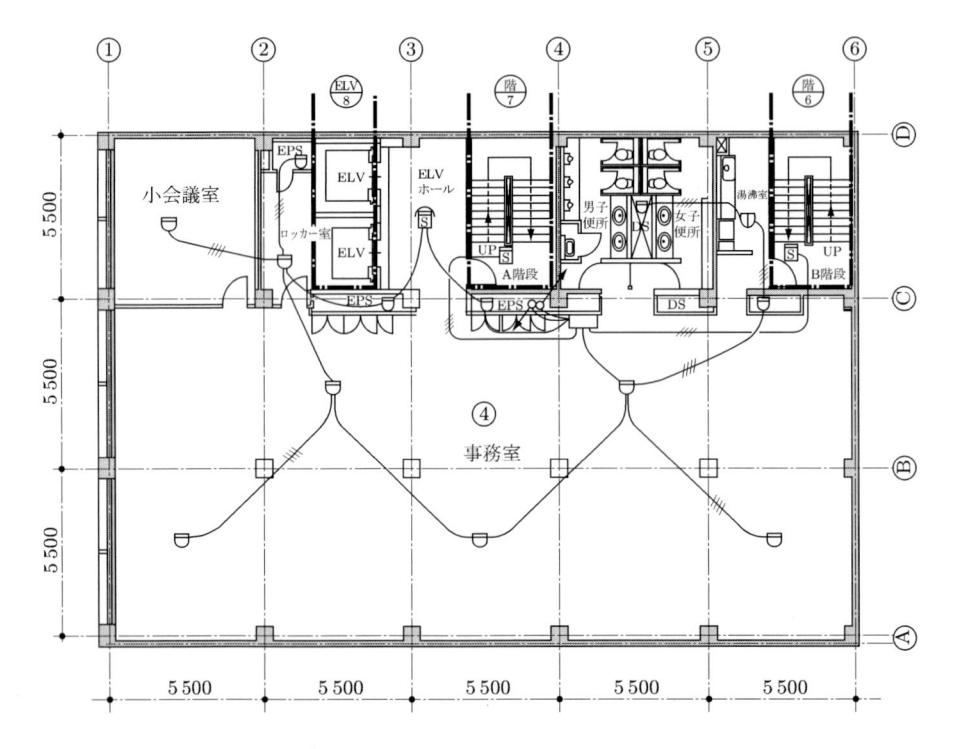

図 10.4 自動火災報知設備平面図（3F）

■解説

10.4.1 警戒区域の設定

火災警報の最小単位が警戒区域であるが，平面的な区画や竪穴区画などを考慮し，設定する．

(1) 事務室，小会議室，ロッカー室，ELVホール，湯沸室などの合計面積が$600\,\mathrm{m}^2$，かつ一辺の長さが$50\,\mathrm{m}$以下であるのでこれらの部屋をまとめて同一警戒区域番号とする．

(2) 階段，エレベータのシャフトを竪穴区画として別の警戒区域とする．

10.4.2 各場所の感知器の種別

ここでは，建物の各場所に適する感知器の種類を表10.2や表10.4で決め，それが受け持つことができる面積を表10.3より求め設置個数を決定する．

(1) 事務室，小会議室，ロッカー室
  (a) 天井高さが$2.7\,\mathrm{m}$ではりなどの突出物がない．
  (b) 3階は消防法上の普通階で無窓階ではない．
  以上により，設置感知器は差動式スポット型感知器とする．

(2) 湯沸室
  比較的室温が高くなり，水蒸気も発生するため，定温式スポット型感知器で防水型を使用する．

(3) トイレ，手洗

表10.2 感知器の種別と設置場所（消規23条）

感知器の設置対象	感知器の種類
・階段および傾斜路 ・エレベータの昇降路，リンネンシュート，パイプダクトその他これらに類するもの	煙感知器
・廊下および通路（令別表第一 (1)～(6), (9), (12), (15), (16)イ, (16の2), (16の3) に限る）	煙感知器または熱煙複合式スポット型感知器
・天井などの高さが$15\,\mathrm{m}$以上$20\,\mathrm{m}$未満の場所	煙感知器または炎感知器
・天井などの高さが$20\,\mathrm{m}$以上の場所	炎感知器
・前記以外の地階，無窓階および11階以上の部分（令別表第一 (1)～(4), (5)イ, (6), (9)イ, (15), (16)イ, (16の2), (16の3) に限る）	煙感知器，熱煙複合式スポット型感知器または炎感知器
・1階～10階までの無窓階でない階（廊下，便所，その他これらに類する場所を除く）	その場所に適する感知器

表10.3　各種感知器の取付基準（消規23条，24条）

1．感知器は，感知区域ごとに，感知器の種別及び取付面の高さに応じて，次表の面積（多信号感知器にあっては，その種別に応じて定める最も大きな面積）につき1個以上．

感知器の種別	取付け面の高さ		4 m 未満		4～8 m 未満		8～15 m 未満		15～20 m 未満
			耐火	非耐火	耐火	非耐火	耐火	非耐火	
差動式スポット型 補償式　〃		1　種	90 m²	50 m²	45 m²	30 m²			
		2　種	70 〃	40 〃	35 〃	25 〃			
定温式スポット型		特　種	70 〃	40 〃	35 〃	25 〃			
		1　種	60 〃	30 〃	30 〃	15 〃			
		2　種	20 〃	15 〃					
煙感知器		1・2 種	150 〃	150 〃	75 m²	75 m²	75 m²	75 m²	75 m²（1種）
		3　種	50 〃	50 〃					
光電式分離型	送光部 受光部		\multicolumn{6}{c}{1 種・2 種}	1種
			イ．受光面に日光を受けない．ロ．光軸は壁から0.6 m 離し，当該区域の各部分から1の光軸までの水平距離が7 m 以下とする．ハ．送光部，受光部は，背後の壁から1 m 以内．ニ．光軸の高さは天井等の高さの80％以上，長さは当該感知器の公称監視距離内．						
差動式分布型	空気管式のもの		イ．感知器は，感知区域の取付け面の各辺から1.5 m 以内，相互間隔9 m（非耐火では6 m）以下 ロ．感知器の露出部分は感知区域ごとに20 m 以上 ハ．一の検出部の空気管接続長さ100 m 以下 ニ．取付け面の高さは15 m 未満						

注）斜線／の欄は各感知器の取付高さの制限により取付不能を示す．

表10.4　感知器の種別と取付高さ

［消規23条］

取付け面の高さ	感　知　器　の　種　別
4 m 未満	差動式スポット型，差動式分布型 補償式スポット型，定温式スポット型 煙感知器
4 m 以上 8 m 未満	差動式スポット型，差動式分布型 補償式スポット型，定温式特種もしくは1種 煙感知器1種もしくは2種
8 m 以上 15 m 未満	差動式分布型 煙感知器1種もしくは2種
15 m 以上 20 m 未満	煙感知器1種

注）煙感知器はイオン化式，光電式および両者の組合せの複合式スポット型を示す．

表10.5　自動火災報知設備用図記号（JIS C 0303）

名　称	図記号	摘　要
差動式スポット型感知器	▽	
定温式スポット型感知器	▽	防水のものは，▽ とする． 防爆のものは，EXを傍記する．
煙感知器	Ⓢ	埋込みのものは，Ⓢ とする．
光電式分離型感知器	送光部 Ⓢ→ 受光部 →Ⓢ	蓄積型のものは Ⓢ→　→Ⓢ とする．
空気管	———	小屋裏および天井裏へ張る場合は，......... とする． 貫通箇所は，—○— とする．
熱電対	—•—	
差動式分布型感知器の検出部	⋈	
P型発信機	Ⓟ	屋外用のものは，Ⓟ とする． 防爆のものは，EXを傍記する．
警報ベル	Ⓑ	防水用のものは，Ⓑ とする 防爆のものは，EXを傍記する．
受信機	⧈	ほかの設備の機能をもつ場合は，必要に応じ，該当設備の図記号を傍記する． 例：ガス漏れ警報設備と一体のもの　⧈ 　　　ガス漏れ警報設備および防排煙連動と一体のもの　⧈
副受信機（表示機）	▭	
表示灯	◐	
終端抵抗器	Ω	例：▽Ω　ⓅΩ　⋈Ω
機器収容箱	▭	
警戒区域境界線	━━━	配線の図記号より太くする．
警戒区域番号	○	（1）○の中に警戒区域番号を入れる． （2）必要に応じ ▽ とし，上部に必要事項，下部に警戒区域番号を入れる． 　例：（階段）（シャフト）

10.4　平面図および系統図の作成　——— 139

ウォシュレット，便座ヒータなどを使用しないため感知器は取付け不要である．
(4) ELV ホール
廊下や通路に準ずる場所として煙感知器を設ける．
(5) DS，EPS など
それぞれの広さは $1\,\mathrm{m}^2$ 以上とした場合，感知器の取付が必要となるが，この例題では各階に床があるので，差動式スポット型感知器でよい．各階の床に開口部がある場合は最上部に煙感知器を設置する．
(6) 階段
垂直距離 15 m 以内ごとに設ける．

10.4.3　各種感知器の受持ち面積

耐火構造の建物で天井高さ 4 m 未満の場所に次の感知器を設ける場合，その感知器 1 ヶが受け持つことができる面積は表 10.3 より求める．
差動式スポット型感知器 2 種～ $70\,\mathrm{m}^2$
定温式スポット型感知器 1 種 70 ℃防水型～ $60\,\mathrm{m}^2$
煙感知器光電式 2 種～ $150\,\mathrm{m}^2$

10.4.4　平面図の作成

つぎの手順を参考に平面図を作成する．図記号は表 10.5 を参考にする．設計例として図 10.4 を示す．
(1) 警戒区域の表現：10.4.1 項で定めた警戒区域を—・—で表現する．
(2) 各感知器の配置：10.4.3 項を参照し，各感知器を均等に設ける．
(3) 機器収容箱（総合盤）の位置を定め各感知器と配線で結ぶ．

10.4.5　系統図の作成

例題 10.2 では，平面図をもとに各階の感知器などの機器類と配線を立面図的に系統図として作成する．

【例題 10.2】
以下の条件で，前例題の建物の自動火災報知設備の系統図を作成しなさい．
(1) P 型 1 級受信機の配線は表 10.6 による．
(2) 表 10.6 の一般配線は 600 V ビニル絶縁電線（IV），耐熱配線は 600 V 2 種ビニル絶縁電線（HIV）を示す．

表10.6　P型1級受信機

（消規24条）

配線種別	名　称	記号	本　　数
一般配線	表示線	N	1回線ごとに1本
	共通線	C	7回線ごとに1本
	電話線	T	1本
	応答確認線	A	1本
	表示灯線	P_L	2本
	計		
耐熱配線	ベル共通線	B_C	1本
	ベル階別線	B_F	階ごとに1本
	計		

■解説

つぎの要領で系統図としてまとめる．一例が図10.5である．

(1) 各階ごとに受信機，機器収容箱（総合盤），感知器など平面図に表示される機器類をB1FからPH2Fまで立面図的に配置する．

(2) 各機器間を結線し，配線種別，配線本数，配線を収納する配管のサイズなどを記入する．

(3) 警戒区域番号を各階ごと，または階段，ELVシャフトに表示する．

10.4　平面図および系統図の作成 ─────── 141

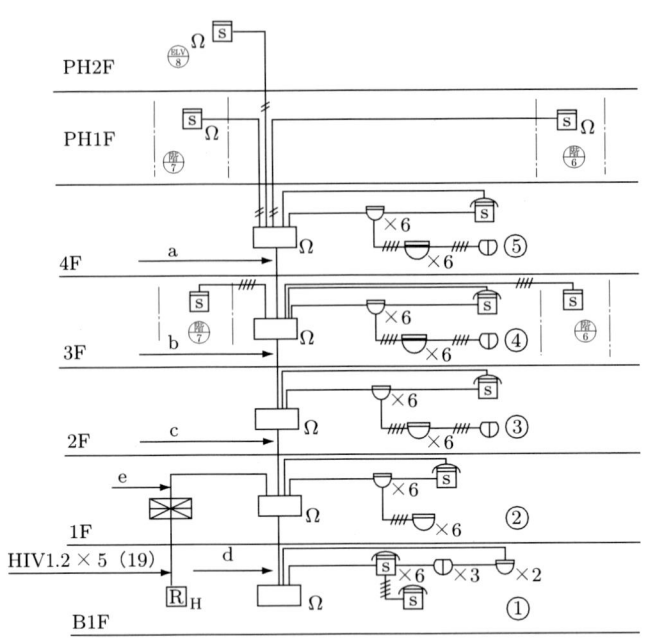

$$
\begin{aligned}
&a \begin{cases} \text{IV}1.2 \times 9 \\ \text{HIV}1.2 \times 2 \end{cases} (19) \\
&b \begin{cases} \text{IV}1.2 \times 10 \\ \text{HIV}1.2 \times 3 \end{cases} (19) \\
&c \begin{cases} \text{IV}1.2 \times 11 \\ \text{HIV}1.2 \times 4 \end{cases} (19) \\
&d \begin{cases} \text{IV}1.2 \times 6 \\ \text{HIV}1.2 \times 2 \end{cases} (19) \\
&e \begin{cases} \text{IV}1.2 \times 14 \\ \text{HIV}1.2 \times 6 \end{cases} (25)
\end{aligned}
$$

シンボル表		
シンボル	名　称	備　考
⋈	P型1級受信機	10回線 非蓄積式
⌒	差動式スポット型感知器	2種
Ⓓ	定温式スポット型感知器	1種70℃防水型
Ⓢ	光電式スポット型感知器	2種非蓄積型
Ⓢ	光電式スポット型感知器	天井埋込型 2種非蓄積型
Ⓑ	火災警報ベル	DC24V150φ
○	表　示　灯	AC24V
Ⓟ	P型1級発信機	
□	機器収容箱(総合盤)	Ⓑ○Ⓟ 内蔵
ℝH	移　報　器	消火栓ポンプ始動用
Ω	終　端　器	
—·—	警戒区域境界線	
ⓃO	警戒区域番号	①〜⑧

図 10.5　自動火災報知設備系統図

第11章　エレベータ設備

　エレベータなどの昇降機設備は，人や物の搬送に利用されるため，建物内での配置計画，設置台数，ゾーニング，運転方法，維持管理など建築計画で慎重に検討されなければならない．人の運搬に供することで安全性確保のため，その構造については「建基法」や，その関連法規で細部にわたり規制されている．
　この章では，エレベータの仕様や，台数を計画する場合の手順と，例題で交通計算上の各諸元の数値を求め，それらの内容を解説する．

11.1　エレベータ設備計画上のポイント

　建物内のエレベータを利用する交通需要のピークの時間帯において，その交通量を量的に輸送できることと，利用客の待ち時間を許容値以内に保つことが要求される．これにより，エレベータ設備の量的および質的評価を満足することができるが，これらの評価の物理的数値として，5分間輸送能力と平均運転間隔があり，エレベータの仕様や台数の計画のポイントとなる．なお本計画は（社）日本エレベータ協会昇降機計画指針による．

11.2　エレベータの仕様，台数の計画の手順

　交通計算を図11.1のフローに従い行い，エレベータの台数や仕様を定める．

輸送人員の予測（単位時間内に輸送する人員を予測する）	11.5節
↓	
交通需要はピーク時の集中率により予測する（建物規模と朝のラッシュ時などのピークの集中率により予測する）	11.5節
↓	
5分間輸送能力，平均運転間隔を求める（単位時間に集中する人数の全人数に対する割合や利用者の待ち時間）	11.3節 11.5節
↓	
エレベータの定員，速度，台数をきめる（かご室仕様，乗り場仕様を決める）	11.5節

図11.1　エレベータ設備計画の手順

11.3 エレベータの設置台数の算定に必要な基本事項

11.3.1 1周時間，5分間輸送能力，平均運転間隔の計算

エレベータのサービス形式として，片道急行，片道区間急行，全階の各階停止可能などのうち，朝の出勤時などの運転パターンの片道急行の計算手順を，表 11.1 に示す．

11.3.2 予想停止数

予想停止数は，始発階で乗客を乗せて出発したエレベータが，乗客を乗降させるためにサービス階の範囲内で停止する回数を確率的に求める数値である．エレベータの 1 周時間を求めるときに必要となるもので，次式で表される．

$$G(n,\ r) = n\left\{1 - \left(\frac{n-1}{n}\right)^r\right\}$$

これは，表 11.2 から求めることができる．

ここで，G：予想停止数
n：ローカル区間内サービス階数（出発階を除く）
r：エレベータ乗客数

表 11.1 エレベータの 1 周時間・5 分間輸送能力・平均運転間隔の計算（建築資料集成−設備計画編）

エレベータのサービス形式				（I）片道急行　S_L　n　急行　S_E　　n：ローカル区間内サービス階数（出発階を除く）
エレベータ速度 [m/s]			V	エレベータ仕様による
エレベータ乗客数			r	r
ローカル区間内予想停止数			f_L	$f_L = G(n,r)$
急行区間内停止数			f_E	1
全予想停止数			F	$f_L + f_E$
ローカル運転平均走行距離			S	S_L/f_L
走行時間	ローカル区間	$S < S_{ad}$ $S \geqq S_{ad}$	T_r	$t_r \cdot f_L$ $S_L/V + f_L \cdot t_{ad}/2$　（S_L：ローカル運転走行距離）
	急行区間			$S_E/V + f_E \cdot t_{ad}/2$　（S_E：急行運転走行距離）
扉開閉時間 乗客出入時間 損失時間			T_d T_p T_l	$t_d \cdot F$ Σt_p $0.1(T_d + T_p)$
1 周時間			RTT	$RTT = T_r + T_d + T_p + T_l$
5 分間輸送力（1 台当たり）			cc	$cc = 300 \cdot r/RTT$
平均運転間隔（エレベータ N 台）			AI	$AI = RTT/N$

表11.2　予想停止数 $G(n, r) = n\left\{1 - \left(\dfrac{n-1}{n}\right)^r\right\}$

n \ r	2	3	4	5	6	7	8	9	10
5	1.80	2.44	2.95	3.36	3.69	3.95	4.16	4.33	4.46
6	1.83	2.53	3.11	3.59	3.99	4.33	4.60	4.84	5.03
7	1.86	2.59	3.22	3.76	4.22	4.62	4.96	5.25	5.50
8	1.88	2.64	3.31	3.90	4.41	4.86	5.25	5.59	5.90
9	1.89	2.68	3.38	4.01	4.56	5.05	5.49	5.88	6.23
10	1.90	2.71	3.44	4.10	4.69	5.22	5.70	6.13	6.51
11	1.91	2.74	3.49	4.17	4.79	5.36	5.87	6.33	6.76
12	1.92	2.76	3.53	4.23	4.88	5.47	6.02	6.52	6.97
13	1.92	2.78	3.56	4.29	4.96	5.58	6.15	6.67	7.16
14	1.93	2.79	3.59	4.33	5.03	5.67	6.26	6.81	7.33
15	1.93	2.80	3.62	4.38	5.08	5.75	6.36	6.94	7.48
16	1.94	2.82	3.64	4.41	5.14	5.82	6.45	7.05	7.61
17	1.94	2.83	3.66	4.45	5.18	5.88	6.53	7.15	7.73
18	1.94	2.84	3.68	4.47	5.23	5.94	6.61	7.24	7.84
19	1.95	2.84	3.70	4.50	5.26	5.99	6.67	7.32	7.94
20	1.95	2.85	3.71	4.52	5.30	6.03	6.73	7.40	8.03

n \ r	11	12	13	14	15	16	17	18	19
5	4.57	4.66	4.73	4.78	4.82	4.86	4.89	4.91	4.93
6	5.19	5.33	5.44	5.53	5.61	5.68	5.73	5.77	5.81
7	5.72	5.90	6.06	6.19	6.31	6.41	6.49	6.56	6.63
8	6.16	6.39	6.59	6.77	6.92	7.06	7.17	7.28	7.37
9	6.54	6.81	7.05	7.27	7.46	7.63	7.78	7.92	8.04
10	6.86	7.18	7.46	7.71	7.94	8.15	8.33	8.50	8.65
11	7.14	7.50	7.81	8.10	8.37	8.61	8.82	9.02	9.20
12	7.39	7.78	8.13	8.45	8.75	9.02	9.27	9.49	9.70
13	7.61	8.02	8.41	8.76	9.09	9.39	9.67	9.92	10.16
14	7.80	8.25	8.66	9.04	9.39	9.72	10.03	10.31	10.58
15	7.98	8.45	8.88	9.29	9.67	10.03	10.36	10.67	10.96
16	8.13	8.62	9.09	9.52	9.92	10.30	10.66	10.99	11.31
17	8.27	8.79	9.27	9.72	10.15	10.56	10.93	11.29	11.63
18	8.40	8.93	9.44	9.91	10.36	10.79	11.19	11.57	11.92
19	8.52	9.07	9.59	10.09	10.56	11.00	11.42	11.82	12.20
20	8.62	9.19	9.73	10.25	10.73	11.20	11.64	12.06	12.45

表11.3　加減速特性

定格速度		加減速時間 t_{ad} [s]	加減速距離 s_{ad} [m]
m/min	m/s		
90	1.5	4.4	3.3
105	1.7	4.4	3.3
120	2.0	5.4	5.4
150	2.5	6.4	8.0
180	3.0	7.4	11.1
210	3.5	8.4	14.7
240	4.0	9.4	18.8
300	5.0	11.4	28.5

$S < S_{ad}$ の場合の t_r は次式による

$$t_r = 0.7 + \sqrt{0.49 + 4S}$$

表11.4　戸開閉時間 t_d（単位：[s]）

戸形式 出入口幅 mm	2枚戸中央開き	2枚戸片開き	4枚戸中央開き
800	3.7	4.7	
850	3.8	5.0	
900	4.0	5.3	
1 000	4.2		
1 100	4.4		
1 200	5.0		
1 400			5.4

直流エレベータ全自動運転の場合．

11.3.3　加減速特性

エレベータの運行は，定格速度で運転できるのは急行区間内で，ローカル区間内では走行距離が短いため，加速，減速をくり返し，定格速度に達しないことが多い．したがって，走行時間は，加減速時間と加減速距離に影響される．加減速時間 t_{ad} [s]，加減速距離 S_{ad} [m] は，表11.3 より求める．

11.3.4　戸開閉時間

エレベータの戸を開閉するのに要する時間は，戸の形状やかごの出入口幅などから定まる．戸の開閉時間 t_d は，表11.4 より求める．

11.3.5　乗降時間

老若男女の人間がエレベータを乗り降りするに要する時間は不確定要素が多く，かごの形状や大きさ，出入口幅などのほかに，エレベータホールの混み具合などからも影響を受け，正確に定量化することは困難である．しかし，朝の出勤時の事務所ビルの場合，出発階でのかごの乗

表11.5　乗降時間

乗降時間 t_p

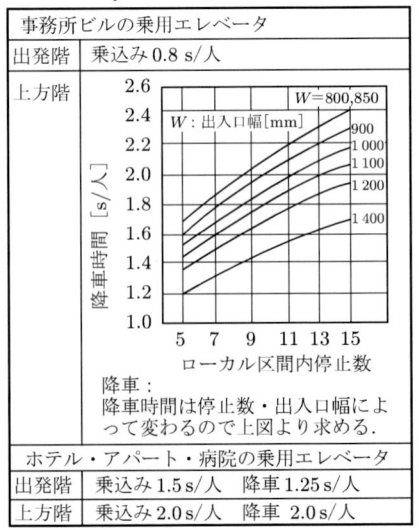

事務所ビルの乗用エレベータ	
出発階	乗込み0.8 s/人
上方階	降車時間は停止数・出入口幅によって変わるので上図より求める． （グラフ：縦軸 降車時間[s/人] 1.0〜2.6，横軸 ローカル区間内停止数 5〜15，W：出入口幅[mm] 800,850／900／1 000／1 100／1 200／1 400）
ホテル・アパート・病院の乗用エレベータ	
出発階	乗込み1.5 s/人　降車1.25 s/人
上方階	乗込み2.0 s/人　降車2.0 s/人

込み時間は一人平均 0.8 秒と考えられている．乗降時間 t_p は，表 11.5 より求める．

11.4 建物用途別のエレベータサービス水準

事務所ビル，マンションなどの共同住宅，ホテルなどの建物用途別に 5 分間輸送能力，平均運転間隔の要求されるサービス水準を示したのが表 11.6 である．

表 11.6 エレベータのサービス水準

建物用途		5 分間輸送能力		平均運転間隔
事務所ビル	1 社専用ビル	20～25 %	普通は下限に近い値を，JR・私鉄・地下鉄などの駅に近い場合は上限に近い値をとる．	30 秒以下になるのが望ましい．
	準専用ビル	16～20 %		
	官公庁ビル			
	貸事務所ビル	11～15 %	フロア貸しのときは上限，ルーム貸しのときは下限に近い値をとる．	40 秒以下になるのが望ましい．
共同住宅		3.5～5 %	高級志向は上限の値を，実用本位は下限の値をとる．	1 台の場合，120 秒以下になるのが望ましい．2 台の場合，80 秒以下になるのが望ましい．
ホテル		8～10 %(注)	大規模ホテルは上限の値を，中小ホテルは下限の値をとる．	40 秒以下になるのが望ましい．

注) レストラン，宴会場等の施設などの場合はその利用交通も考慮する必要がある．

11.5 エレベータ交通計算例

例題 11.1 では，エレベータの交通計算は，かごの速度，定員などを仮定し，5 分間輸送能力，平均運転間隔を満足するか，確認する手法により行う．

【例題 11.1】

事務所ビルの乗用エレベータの交通計算を以下の条件で行い，エレベータの仕様，設置台数を求めなさい．

〈計算の条件−1〉
(1) 建物の用途は事務所ビルとする．
(2) 交通計算は朝の出勤時を対象として行う．したがって，片道急行のサービス形式とする．

(3) 利用者は出発階と，その直上階以上を対象とする．
(4) 出勤時（ピーク時）のエレベータ乗客数は，出発階で定員の 80％以下とする．

⟨計算の条件 – 2⟩
(1) エレベータ速度　　105 m/分
(2) かごの定員　　　　15 人乗り
(3) 扉の仕様　　　　　有効出入口幅 900 mm，2 枚戸中央開き．

⟨計算の条件 – 3⟩
(1) 建物は 9 階建てとする．
(2) 建物の高さは 30 m とする．（昇降行程）
(3) エレベータ利用者が入居している階の床面積の合計を 3 000 m² とし，レンタブル比を 70％とする．
(4) 1 人あたりの床面積を 8 m²/人とする．

■解説

11.5.1　エレベータ仕様の確認

以下の手順により求めた値が，事務所ビルのサービス水準に満たない場合は，仮定条件を変えて改めて交通計算を行う．

(1) エレベータ速度 V [m/分] → 105 [m/分] → 1.75 [m/s]
(2) エレベータ乗客数 r（人）→ 15 人乗 × 80％ → 12 人とする．
(3) ローカル区間サービス階数（始発階を除く）．
   9 階建てのビルとして各階に停止できるものとする．$n = 8$
(4) ローカル区間内予想停止数，$f_L = G(n, r) = n\left\{1 - \left(\dfrac{n-1}{n}\right)^r\right\}$（表 11.2）
   $r = 12$（人）．$n = 8$ として表 11.2 より，$f_L = 6.39$
(5) 急行区間内停止数
   f_E は片道急行の場合　$f_E = 1$
(6) 全予想停止数
   ローカル区間内予想停止数 ＋ 急行区間内停止数
   $$F = f_L + f_E = 7.39$$
(7) ローカル運転 1 平均走行距離
   $$S = \frac{昇降行程}{ローカル区間内予想停止数} = \frac{S_L}{f_L} = \frac{30}{6.39} = 4.69$$
(8) 走行時間，T_r [s]

ローカル区間：$\dfrac{S_L}{V} + \dfrac{f_L \cdot t_{ad}}{2} = \dfrac{30}{1.75} + \dfrac{6.39 \times 4.4}{2} = 32.80\,[\text{s}]$

急行区間：$\dfrac{S_E}{V} + \dfrac{f_E \cdot t_{ad}}{2} = \dfrac{30}{1.75} + \dfrac{1 \times 4.4}{2} = 19.59\,[\text{s}]$

$$T_r = 32.80 + 19.59 = 52.39\,[\text{s}]$$

(9) 戸開閉時間，T_d（有効出入口幅 900 mm，2 枚戸中央開き扉とする）

$$T_d = t_d \cdot F = 4.0 \times 7.39 = 29.56\,[\text{s}]$$

(10) 乗客出入口時間，T_p

$T_{p1} = \sum t_{p1} =$ 出発階乗込時間 $0.8\,[\text{s}] \times 12$ 人 $= 9.6\,[\text{s}]$
$T_{p2} = \sum t_{p2} =$ ローカル区間内降車時間 $1.70\,[\text{s/人}] \times 12$ 人 $= 20.4\,[\text{s}]$
表 11.5 より

$$T_p = T_{p1} + T_{p2} = 30.0\,[\text{s}]$$

(11) 損失時間 T_l

$$T_l = 0.1 \times (T_d + T_p) = 0.1 \times (29.56 + 30.0) = 59.56\,[\text{s}] \times 0.1 = 6.0\,[\text{s}]$$

(12) 1 周時間 RTT

$$RTT = T_r + T_d + T_p + T_l = 52.39 + 29.56 + 30.0 + 6.0 = 117.9\,[\text{s}]$$

(13) 5 分間輸送人員（1 台あたり）cc

$$cc = \dfrac{300 \cdot r}{RTT} = \dfrac{300 \times 12}{117.9} = 30.5 \text{ 人/5 分間}$$

11.5.2 エレベータ台数の確認

エレベータ利用者が入居しているビルの延べ床面積が $3\,000\,\text{m}^2$ でレンタブル比を 70 % とすると，有効面積は $3\,000\,\text{m}^2 \times 70\,\% \to 2\,100\,\text{m}^2$，1 人あたりの占有面積を $8\,\text{m}^2$ とすると，$2\,100\,\text{m}^2 / 8\,\text{m}^2/\text{人} \to 262.5$ 人となる．したがって，2 階以上のエレベータ利用者を 230 人とすると，5 分間輸送能力 = 30.5 人/230 人 = 13.2 %．エレベータ利用者の朝の出勤時の 5 分間集中率を 20 % とすると

$$230 \text{ 人} \times 20\,\% = 46 \text{ 人}$$
$$\text{エレベータ台数} \geqq \dfrac{46}{30.5} = 1.5$$

したがって，2台以上必要となる．2台の場合の5分間輸送能力は

$$\frac{5\text{分間輸送人数} \times \text{台数}}{\text{総利用者数}} = \frac{30.5 \times 2}{230} = 26.5\,\%$$

となり，平均運転間隔は

$$\frac{117.9\,[\text{s}]}{2\,(\text{台})} = 58.9\,[\text{s}]$$

となる．

以上より，表11.6などからサービス水準の適否を判断する．

第12章 電気設備の耐震対策

　電気設備は，電源設備などの重要設備を地震時に多くの被害を受ける建物の上層部や屋上に設置する場合が多い．それらが地震力により機械的なダメージを受けたとき装置そのものが破損するにとどまらず，短絡や地絡などの二次災害に波及する危険性が多い．したがって，主要機器は設置場所とともに耐震性の検討が必要である．
　この章では，具体的に例題で受変電設備（キュービクル）に作用する地震力を想定し，それを固定するアンカーボルトの強度計算を中心に解説する．

12.1 耐震対策計画のポイント

12.1.1 設備機器の耐震設計
電気設備の主要機器の耐震対策については以下の事項を考慮する．
(1) 機器類は地震時に移動もしくは転倒しないように，基礎や建築構造躯体にアンカーボルトなどを用いて堅固に固定する．
(2) 重要な主要機器や幹線などの配置や布設経路は，建物の低層部や地震入力の比較的小さい場所を選び，耐震性の向上を図る．
(3) 設備機器を設置するための基礎，アンカーボルト，耐震ストッパーなどは地震時に十分その機能を果たすものとする．
(4) 当計画は，(財)日本建築センター「建築設備耐震設計・施工指針1997年度版」による．

12.2 設計の手順

　設備機器の床固定支持にアンカーボルトを使用する場合の，耐震検討を図12.1の手順で行う．

手順	節
設計用震度（水平震度，鉛直震度）を地震地域係数（Z）や設計用標準震度（K_s）より求める．	12.3節
↓	
設計用地震力（水平地震力，鉛直地震力）を求める．	12.4節
↓	
床固定支持機器の耐震据付け設計を行う．	12.5節

図12.1 耐震対策計画の手順

12.3 設計用震度

設計用震度は,建物や構造物に作用する地震力を地震により振動する部分の構造物などの重量で除した係数(地震動により建物などに生じた加速度と重力加速度の比)で,水平震度と鉛直震度がある.

$$K_H = Z \cdot K_s$$

$$K_v = \frac{1}{2} K_H$$

ここで,K_H:設計用水平震度, K_v:設計用鉛直震度
Z :地震地域係数(地域により異なる.0.7～1.0,一般は1.0とする)
K_s:設計用標準震度(表12.1)

表12.1 局部震度法による建築設備機器の設計用標準震度

	建築設備機器の耐震クラス		
	耐震クラスS	耐震クラスA	耐震クラスB
上層階,屋上及び塔屋	2.0	1.5	1.0
中　間　階	1.5	1.0	0.6
地階及び1階	1.0 (1.5)	0.6 (1.0)	0.4 (0.6)

備考1) ( )内の値は地階及び1階(地表)に設置する水槽の場合に適用する.
備考2) 上層階の定義
　　・2～6階建ての建築物では,最上階を上層階とする.7～9階建ての建築物では,上層の2層を上層階とする.10～12階建ての建築物では,上層の3層を上層階とする.13階建て以上の建築物では,上層の4層を上層階とする.
　　中間階の定義
　　・地階,1階を除く各階で上層階に該当しない階を中間階とする.
注) 各耐震クラスの適用について
1. 設備機器の応答倍率を考慮して耐震クラスを適用する.(例:防震装置を付した機器は耐震クラスA又はSによる)
2. 建築物あるいは設備機器等の地震時あるいは地震後の用途を考慮して耐震クラスを適用する.(例:防災拠点建築物,あるいは重要度の高い水槽など)

12.4 設計用地震力

地震により構造物等が受ける力のことで,その重量に設計震度を乗じたものをいう.

（1）設計用水平地震力

$$F_H = K_H \cdot W$$

ここで，F_H：設計用水平地震力 [N] (kgf)，　W：機器重量 [N] (kgf)
地震力は機器の重心に作用するものとする．

（2）設計用鉛直地震力

$$F_v = K_v \cdot W$$

ここで，F_v：設計用鉛直地震力 [N] (kgf)

K_v：設計用鉛直震度 $\left(= \dfrac{1}{2} K_H \right)$

12.5　アンカーボルトの選定

設備機器の床や基礎据付けの場合の，アンカーボルト1本あたりの引抜き力は以下のようになる（図12.2）．

$$F = \dfrac{F_H \times h_G - (W - F_v) \times l_G}{l \times n_t}$$

ここで，h_G：据付け面より機器重心までの高さ [m]
　　　　l：検討する方向からみたボルト間の距離 [m]
　　　　l_G：検討する方向からみたボルト中心から機器重心までの距離 [m]
　　　　n_t：機器転倒を考慮する場合の引張りを受ける片側のボルトの総本数 [本]

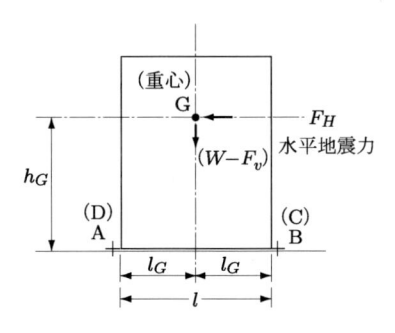

図12.2　設備機器とアンカーボルト

12.6 アンカーボルト強度計算例

例題 12.1 では，電気設備の主要機器であるキュービクルの耐震対策としてアンカーボルトの選定について検討する．

【例題 12.1】

図 12.3 の受変電設備（キュービクル）の四隅を径 12 mm のアンカーボルト 4 本で固定したが，耐震的に十分か否かを検討しなさい．ただし，耐震クラス B，キュービクルは屋上階に設置するものとする．

〈計算の条件〉

キュービクルの重量　$W = 24\,517$ [N]（2 500 kgf）
設計用水平地震力　$F_H = K_H \cdot W$ [N]（kgf）
設計用水平震度　　$K_H = Z \cdot K_s$
設計用標準震度　　K_s：各建物の部位別により異なる．表 12.1 より選定する
地域係数　　　　　$Z = 0.7 \sim 1.0$ [N]（kgf）
設計用鉛直地震力　$F_v = K_v \cdot W$
設計用鉛直震度　　$K_v = \dfrac{1}{2} K_H$

ここで，キュービクルは屋上設置で耐震クラス B であるので，表 12.1 より設計用標準震度は $K_s = 1$，地域係数は一般の値 $Z = 1$ とすると，

$$K_H = 1, \quad \therefore \ F_H = W = 24\,517 \text{ [N] } (2\,500 \text{ kgf})$$

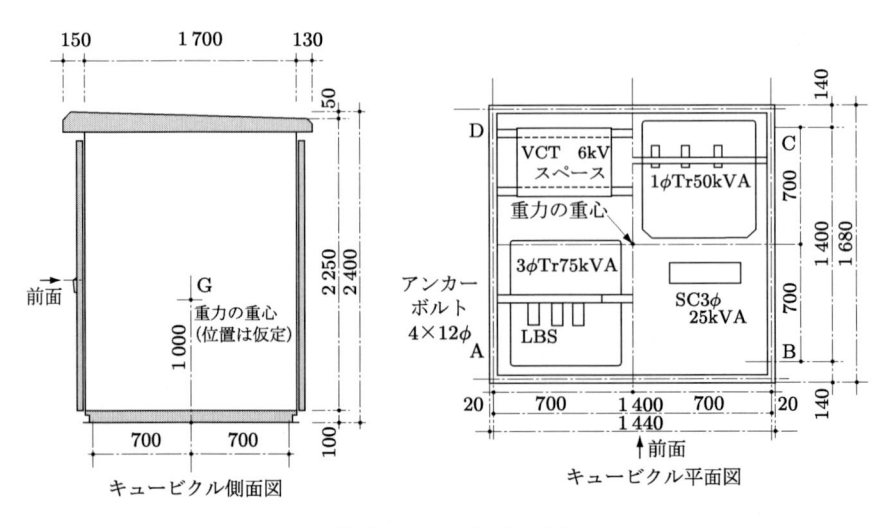

図 12.3　キュービクルの固定

154 ──── 第 12 章　電気設備の耐震対策

また $K_v = \frac{1}{2}K_H = \frac{1}{2}$, $F_v = \frac{1}{2} \cdot W = \frac{24\,517}{2} = 12\,258.5$ [N] ($1\,250$ kgf)

■解説

ここでは，地震力による引き抜力や，せん断力に耐えるアンカーボルトを求める．

12.6.1 モーメントのつり合いより求める方法

(1) 引抜き力

図 12.4 のように重心 G に水平地震力 F_H，鉛直地震力 F_v が作用し，ボルト 1 本に加わる引張り力を F とすると，AD 軸を中心にモーメントのつり合いは以下のようになる．

$$W \times l_G + 2F \cdot l = F_H \cdot h_G + F_v \cdot l_G$$
$$\therefore 2\,500 \text{ [kgf]} \times 0.7 \text{ [m]} + 2F \times 1.4 \text{ [m]}$$
$$= 2\,500 \text{ [kgf]} \times 1.0 \text{ [m]} + 1\,250 \text{ [kgf]} \times 0.7 \text{ [m]}$$
$$\therefore 2F \times 1.4 = 2\,500 - 875 = 1\,625$$

したがって，アンカーボルト 1 本にかかる引抜き力は

$$F = 580.4 \text{ [kgf]} = 5\,691 \text{ [N]}$$

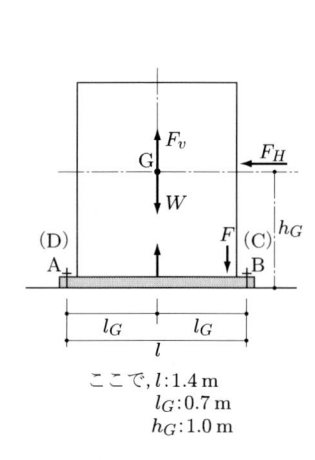

図 12.4 キュービクルの重心の位置

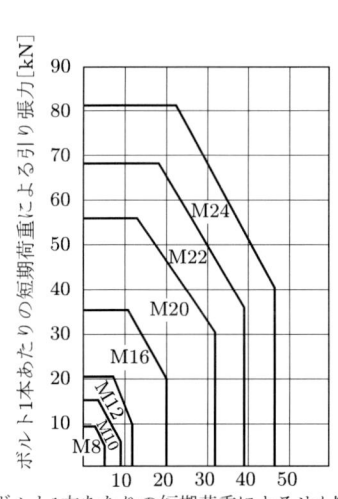

ここで，l：1.4 m
l_G：0.7 m
h_G：1.0 m

図 12.5 アンカーボルト許容組合せ応力図

12.6 アンカーボルト強度計算例 ─── 155

(2) せん断力

せん断力は 4 本のアンカーボルトに均等にかかり，水平地震力 $F_H = 2\,500$ [kgf] であるから，アンカーボルト 1 本にかかる，せん断力 T は

$$T = \frac{2\,500}{4} = 625 \text{ [kgf]} = 6\,129 \text{ [N]}$$

図 12.5 アンカーボルト許容組合せ応力図より，4 箇所の固定で 12 mm のアンカーボルトを使用しているので耐震的に問題がないことがわかる．

「建設設備耐震設計・施工指針」の式より確かめてみると，以下のようになる．

アンカーボルト 1 本にかかる引抜き力

$$F = \frac{F_H \cdot h_G - (W - F_v) \cdot l_G}{l \cdot n_t}$$

$$\therefore \quad F = \frac{2\,500 \text{ [kgf]} \cdot 1.0 \text{ [m]} - (2\,500 \text{ [kgf]} - 1\,250 \text{ [kgf]}) \cdot 0.7 \text{ [m]}}{1.4 \text{ [m]} \times 2}$$

$$= 580.4 \text{ [kgf]} = 5\,691 \text{ [N]}$$

また，ボルト 1 本にかかるせん断力は，$T = \dfrac{F_H}{n}$，

ここで，$n =$ アンカーボルトの総本数は 4 本

したがって，12.6.1 項の (2) で求めた $T = 625$ [kgf] $= 6\,129$ [N] となる．

また，図 12.5 のアンカーボルト許容組合せ応力図より，径 12 mm のアンカーボルト 4 本で耐震的に十分間に合うことがわかる．

第13章　故障計算

> この章では，短絡電流の計算についてパーセントインピーダンス法により求める方法を中心として説明する．事故点を想定することにより，短絡電流を算出し，遮断器の遮断電流の定格を定めるが，これは選択遮断の保護協調を行うために重要な検討事項である．例題で三相短絡電流と，単相短絡電流を手順に従い算出する．
> また，対称座標法の説明と1線地絡電流を求める例題を取り上げた．

13.1　短絡電流計算のポイント

短絡事故により大電流が流れ，非常に大きな熱の発生や，強力な電磁力が作用する．前者に対しては熱的強度を，後者に対しては機械的な強度を補償する必要がある．

三相回路の短絡事故は三相短絡と線間短絡があるが三相短絡電流の方が大きいため，三相短絡電流を求めて，事故の局限化や保護方式などを検討することにする．

13.1.1　単相回路の短絡

図 13.1 において電圧を E [V]，故障点 S までの線路 1 本あたりの抵抗を r [Ω]，リアクタンスを x [Ω]，インピーダンスを Z [Ω] とすると短絡電流 I_s は

$$I_s = \frac{E}{Z} = \frac{E}{\sqrt{(2r)^2+(2x)^2}} = \frac{E}{2\sqrt{r^2+x^2}} \text{ [A]}$$

となる．

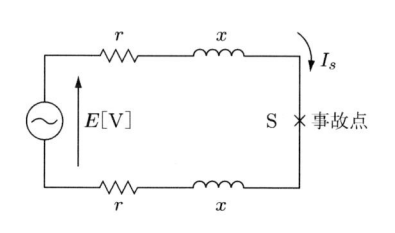

図 13.1　単相回路の短絡　　　図 13.2　三相回路の短絡

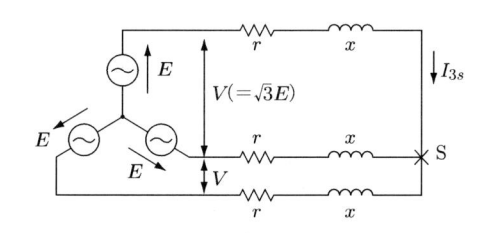

13.1.2 三相回路の短絡

(1) 三相短絡

図 13.2 の三相回路を平衡三相回路とすると，中性点を流れる電流のベクトル和はゼロとなる．三相回路の短絡時の短絡電流 $\dot{I}_{3s}$ は，図 13.3 より求めることができる．図 13.3 の回路は対称座標法で確かめられる．したがって，三相短絡電流 $\dot{I}_{3s}$ は以下のようになる．

$$\dot{I}_{3s} = \frac{E}{\sqrt{r^2 + x^2}} = \frac{\frac{V}{\sqrt{3}}}{\sqrt{r^2 + x^2}} \ [\text{A}]$$

ここで，V：三相回路の線間電圧
　　　　E：三相回路の相電圧

(2) 三相回路の線間短絡

図 13.4 において，線間短絡時に流れる電流を I_{2s} とすると

$$I_{2s} = \frac{V}{2\sqrt{r^2 + x^2}} = \frac{\sqrt{3}E}{2\sqrt{r^2 + x^2}} = \frac{\sqrt{3}}{2}\dot{I}_{3s}$$

したがって，三相回路の線間短絡電流は三相短絡電流の $\dfrac{\sqrt{3}}{2}$（0.866）倍になることがわかる．

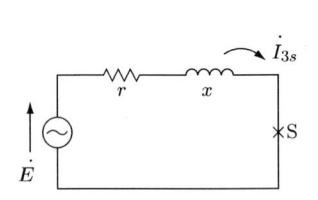

図 13.3　三相回路を単相回路三個に分解 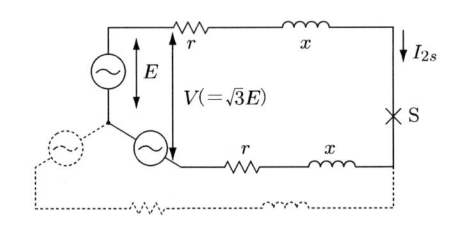　　図 13.4　三相回路の線間短絡

13.2　パーセントインピーダンス法

短絡電流の計算法の一つとしてよく利用される方法であり，通常の状態での電源回路のインピーダンスと短絡時のインピーダンスの比率により，短絡電流が定格電流の何倍かという値として求める方法である．

つまり基準インピーダンス（Z_B）に対して，その電源回路のインピーダンス（Z）が何%にあたるかを示す値である．

$$（パーセントインピーダンス）\%Z = \frac{Z}{Z_B} \times 100$$

ここで，三相回路について，以下のように定める．

P ：基準容量 [kVA]
I_B ：基準電流（定格電流）
E_B ：基準相電圧
V_B ：基準線間電圧
$V_B = \sqrt{3} E_B$ （図 13.2）

基準容量 P は，図 13.3 から明らかなように

$$P = 3 \cdot E_B \cdot I_B = 3 \cdot \frac{V_B}{\sqrt{3}} \cdot I_B = \sqrt{3} \cdot V_B \cdot I_B$$

また，基準インピーダンス

$$Z_B = \frac{E_B}{I_B} = \frac{E_B}{I_B} \cdot \left(\frac{3E_B}{3E_B}\right) = \frac{(\sqrt{3}E_B)^2}{3E_B I_B} = \frac{V_B{}^2}{P}$$

三相短絡容量を P_{3s}，三相短絡電流を I_{3s} とすると

$$P_{3s} = \sqrt{3} \cdot V_B \cdot I_{3s} = \sqrt{3} \cdot V_B \cdot \frac{100}{\%Z} \cdot I_B \quad \left(\because \quad I_{3s} = \frac{100}{\%Z} \cdot I_B\right)$$

$$= \frac{100}{\%Z} \cdot P$$

ここで，$I_{3s} = \dfrac{100}{\%Z} \cdot I_B$ の説明をすると，短絡発生時，電圧が基準電圧（E_B）とした場合

$$I_{3s} = \frac{E_B}{Z}$$

また，$\%Z = \dfrac{Z}{Z_B} \times 100$ であるから

$$Z = \frac{\%Z}{100} \cdot Z_B$$

したがって，

$$I_{3s} = \frac{E_B}{\dfrac{\%Z}{100} \cdot Z_B} = \frac{E_B}{\dfrac{\%Z}{100} \cdot \dfrac{E_B}{I_B}} = \frac{100}{\%Z} \cdot I_B$$

また，$P = \sqrt{3} \cdot V_B \cdot I_B$ から $I_B = \dfrac{P}{\sqrt{3} \cdot V_B}$ を I_{3s} に代入すると

$$I_{3s} = \frac{100P}{\sqrt{3} \cdot V_B \cdot \%Z} = \left(\frac{100 \times \sqrt{3} V_B \cdot I_B}{\sqrt{3} \cdot V_B \cdot \%Z} = \frac{100}{\%Z} \cdot I_B \right)$$

となる．

13.3 短絡電流計算の手順

パーセントインピーダンス法による短絡電流の計算のフローを，以下に示す（図13.5参照）．

13.3.1 簡易計算法

図13.5のパーセントインピーダンス法による短絡電流を求める手順のなかで，簡易計算法としては②，④を省略して計算する．つまり，変圧器一次側（電力会社の電源側）や，電動機の発電作用は電動機のインピーダンスが25％と大きいため，無視して計算する方法が取られる．

13.3.2 短絡電流と遮断時間

(1) 高圧系統

短絡事故発生直後は，短絡電流直流分と誘導電動機による発電作用による短絡電流を考慮しなければならない．電力ヒューズは，短絡後1/2サイクルの短絡電流で表示されるので，この発電作用を加味する必要がある．

遮断器の動作については，継電器が作動して遮断器が開極するまでに数サイクルを要することから，短絡電流直流分と電動機の発電作用は減衰すると考えられるが，受変電設備の母線などの装置の短絡電流の最大瞬時値は，対称短絡電流（実効値）の2.5倍を見込んでいる．

(2) 低圧系統

低圧系統で使用されるヒューズや，配線用遮断器などの保護装置の瞬時要素の遮断時間は0.01〜0.05秒と非常に速いため，短絡発生直後の直流分や電動機の発電作用を考慮した値で保護装置を選定する．つまり，配線用遮断器の遮断電流は直流分を含む全電流実効値であり，非対称短絡電流として対称三相短絡電流に非対称係数を乗じて求められる．

① 基準容量を定める．$P\,[\mathrm{kVA}]$ — 13.2 節

② 電源のパーセントインピーダンスを計算する．
$$\%Z_0 = \frac{\text{基準容量 } P\,[\mathrm{kVA}]}{\text{受電点短絡容量}\,[\mathrm{MVA}] \times 10^3} \times 100$$
— 13.2 節

③ 変圧器のパーセントインピーダンスを求める．
$$\%Z_T = \text{変圧器の\%インピーダンス} \times \frac{\text{基準容量 } P\,[\mathrm{kVA}]}{\text{変圧器容量}\,[\mathrm{kVA}]}$$
（定格 kVA ベース）
— 13.4 節

④ 電動機のパーセントインピーダンスを求める（短絡時に運転中のものは短絡電流源となる）．
$$\%Z_m = \text{電動機\%インピーダンス} \times \frac{\text{基準容量 } P\,[\mathrm{kVA}]}{\text{電動機等価}\,[\mathrm{kVA}]}$$
（定格 kVA ベース）
電動機のインピーダンスは誘導電動機の場合%インピーダンス $= 0.25$（定格 kVA ベース）と仮定する．
— 13.3 節

⑤ 短絡点までのパーセント線路インピーダンスを求める．
$$\%Z_l = \frac{100 \times Z_l(\text{線路インピーダンス/m})}{(\text{線間電圧})^2} \times \text{基準}\,[\mathrm{kVA}]$$
— 13.4 節

⑥ 合成インピーダンスを求める（インピーダンスマップ）． — 13.4 節

⑦ 短絡電流の計算
$$I_{3s} = \frac{100}{\%Z_S} \cdot I_B$$
ここで，I_{3s}：対称三相短絡電流 [A]
I_B：定格電流 [A]
Z_S：合成インピーダンス
— 13.4 節

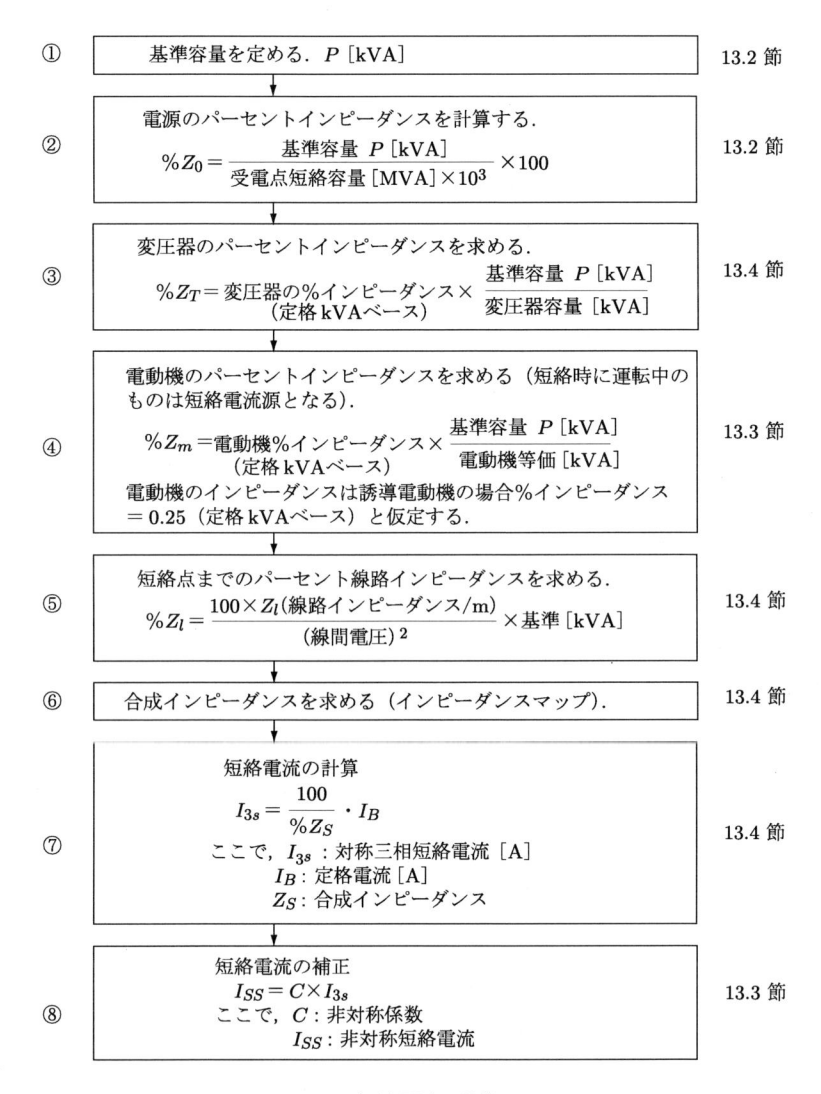

⑧ 短絡電流の補正
$$I_{SS} = C \times I_{3s}$$
ここで，C：非対称係数
I_{SS}：非対称短絡電流
— 13.3 節

図 13.5　短絡電流の計算のフロー

13.4　短絡電流の計算例

以降の説明では変圧器一次側の電源側のパーセントインピーダンスは 13.3.1 簡易計算法で説明したように省略し，また短絡電流は 13.3.2（2）の非対称係数を考慮しない対称短絡電流として求める．

例題 13.1 では，中規模の受変電設備に採用される三相変圧器の 2 次側で発生する

三相短絡事故の三相短絡電流をパーセントインピーダンス法で求める．

【例題 13.1】 三相短絡電流

図 13.6 の，$3\phi500\,\mathrm{kVA}$ 変圧器の二次側の幹線 $\mathrm{CV}200\,\mathrm{mm}^2$ の，$30\,\mathrm{m}$ の箇所 S_1 で三相短絡事故が発生した．この点における三相短絡電流を求めなさい．

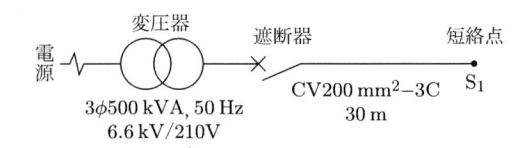

図 13.6 幹線の短絡電流（三相短絡）

■解説

13.4.1 三相短絡電流を求める

変圧器のインピーダンスを $\dot{Z}_T = r_t + jx_t$ とすると，表 13.1 より

$$\dot{Z}_T = 0.26 + j0.56 \quad (100\,\mathrm{kVA},\ 210\,\mathrm{V}\ 基準)$$

幹線 1 本のインピーダンスを $\dot{Z}_l = r_l + jx_l$ とすると，表 13.2 より

$$\dot{Z}_l = 30\times0.023 + j30\times0.023 = 0.69 + j0.69 \quad (100\,\mathrm{kVA},\ 210\,\mathrm{V},\ 50\,\mathrm{Hz}\ 基準)$$

したがって，

$$\dot{Z}_T + \dot{Z}_l = 0.95 + j1.25$$

三相短絡電流 I_{3s} [kA] とすると

$$I_{3s} = \frac{100 \times P}{\sqrt{3} \cdot V_B \cdot \%Z}$$

ここで，P：基準 kVA，V_B：基準線間電圧
　　　　$\%Z$：変圧器と幹線 1 本のパーセントインピーダンス

$$I_{3s} = \frac{100 \times 100}{\sqrt{3} \cdot 210 \cdot \sqrt{0.95^2 + 1.25^2}} = \frac{10\,000}{1.73 \times 210 \times 1.57} = 17.5\,\mathrm{kA}$$

表 13.1 油入自冷式変圧器のパーセントインピーダンスおよび短絡電流表
（100 kVA, 210 V 基準）建築設備設計要領（社）公共建築協会

変圧器容量 [kVA]	三相変圧器 %r_{t3}	%x_{t3}	%Z_{T3}	短絡電流 [kA]	単相変圧器（電圧～電圧間） %r_{t2}	%x_{t2}	%Z_{T2}	短絡電流 [kA]
10	−	−	−	−	20	10	22.4	2.13
20	9.8	4.7	10.9	2.53	8.9	5.9	10.7	4.46
30	6.2	3.5	7.12	3.86	5.3	4.6	7.02	6.79
50	3.4	2.2	4.05	6.79	2.9	2.8	4.03	11.8
75	2.2	2.2	3.11	8.84	2.0	2.1	2.90	16.4
100	1.6	1.6	2.26	12.2	1.4	1.5	2.05	23.2
150	1.0	1.2	1.56	17.6	0.80	1.4	1.61	29.5
200	0.74	1.0	1.24	22.1	0.60	1.2	1.34	35.5
300	0.48	0.80	0.933	29.5	−	−	−	−
500	0.26	0.56	0.617	44.5	−	−	−	−

表 13.2 電線のパーセントインピーダンス
（100 kVA, 210 V 基準）（1 m あたり）同上

導体（銅）	%r_{t2}	%x_{t2} IV（金属管又は金属ダクト内）50 Hz	60 Hz	ケーブル 50 Hz	60 Hz
1.6 mm	2.175	0.050	0.060	0.030	0.036
2.0	1.375	〃	〃	〃	〃
5.5 mm^2	0.800	〃	〃	〃	〃
8	0.575	〃	〃	〃	〃
14	0.325	0.038	0.045	0.025	0.030
22	0.203	〃	〃	〃	〃
38	0.120	〃	〃	〃	〃
60	0.073	0.033	0.039	0.023	0.027
100	0.045	〃	〃	〃	〃
150	0.030	〃	〃	〃	〃
200	0.023	〃	〃	〃	〃
250	0.018	〃	〃	〃	〃
325	0.014	〃	〃	〃	〃

備考） 100 kVA, 6.6 kV 基準の場合には，本表の値に，
$$\left(\frac{210}{6\,600}\right)^2 \fallingdotseq \frac{1}{1\,000}$$
を乗じる．

例題 13.2 では，単相変圧器の 2 次側で発生する単相短絡事故の短絡電流をパーセントインピーダンス法で求める．

【例題 13.2】 単相短絡電流

図 13.7 の，$1\phi100\,\mathrm{kVA}$ 変圧器の二次側の幹線 $\mathrm{IV}150\,\mathrm{mm}^2 \times 3$ の，$30\,\mathrm{m}$ の箇所 S_2 で単相短絡事故が発生した．この点における単相短絡電流を求めなさい．

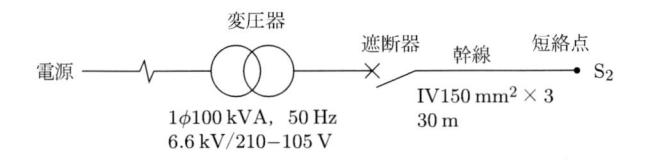

図 13.7 幹線の短絡（単相の短絡）

■解説

13.4.2 単相短絡電流を求める

変圧器のインピーダンスを $\dot{Z}_T = r_t + jx_t$ とすると，表 13.1 より

$$\dot{Z}_T = 1.4 + j1.5 \;(100\,\mathrm{kVA},\,210\,\mathrm{V}\;基準)$$

幹線 1 本のインピーダンス　$\dot{Z}_l = r_l + jx_l$ とすると，表 13.2 より

$$\dot{Z}_l = 30 \times 0.030 + j30 \times 0.033 = 0.9 + j0.99\;(100\,\mathrm{kVA},\,210\,\mathrm{V},\,50\,\mathrm{Hz}\;基準)$$

したがって，

$$\begin{aligned}
I_{2s} &= \frac{100 \times P}{V_B \cdot \%Z} = \frac{100 \times 100}{210 \times |(1.4 + j1.5) + (2 \times 0.9 + j2 \times 0.99)|} \\
&= \frac{100 \times 100}{210 \times |3.2 + j3.48|} = \frac{100 \times 100}{210 \times \sqrt{3.2^2 + 3.48^2}} \\
&= \frac{100 \times 100}{210 \times 4.73} = 10.1\,\mathrm{kA}
\end{aligned}$$

例題 13.3 では，電源機器や電路のインピーダンスと短絡電流との関係を求める．

【例題 13.3】 インピーダンスと短絡電流の関係

屋内幹線の短絡電流に関する文章中，☐ に当てはまる語句を入れなさい．
「短絡電流は，電源側変圧器のパーセントインピーダンスが (イ) ほど大きく，電源側変

圧器から短絡点までの幹線のこう長が (ロ) ほど小さい.」

■解説

13.4.3 短絡電流と線路インピーダンス

パーセントインピーダンス法により短絡電流を計算する場合は以下による．

図 13.8 の場合，電源側変圧器のパーセントインピーダンスを $\%Z_T$，電源側変圧器から短絡点までの幹線のパーセントインピーダンスを $\%Z_l$ とすると，合成インピーダンス Z_S は

$$\%Z_S = \%Z_T + \%Z_l$$

短絡電流は，

$$I_S = \frac{100}{\%Z_S} \times I_n = \frac{100}{\%Z_T + \%Z_l} \times I_n$$

となる．ここで，$\%Z_T$ が小さければ I_S は大となり，$\%Z_l$ が大であれば I_S は小となることがわかる．

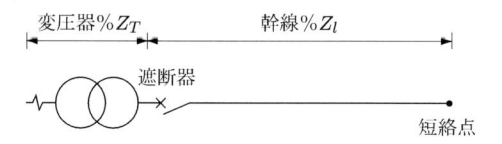

図 13.8 短絡電流の計算

配電系統では一般に，電圧変動率を小さくするにはパーセントインピーダンス [%] を小さくすることが必要である．しかし，容量の大きい変圧器ではその二次側の短絡事故による大きな短絡電流を抑制するために，パーセントインピーダンスを小容量の変圧器に比べ大きくしている（表 13.3）.

表 13.3 変圧器のインピーダンス

変圧器容量 [kVA]	p (% 抵抗降下)	q (% リアクタンス降下)	Z (% インピーダンス)
100	1.6	4.5	4.8
5 000	0.8	6.9	7.0
15 000	0.6	9.4	9.5

答．(イ) 小さい　　(ロ) 長い

13.5 対称座標法

図 13.9 は，三相不平衡回路である．$\dot{E}_a$, $\dot{E}_b$, $\dot{E}_c$ が発電機の各相無負荷誘起電圧，$\dot{I}_a$, $\dot{I}_b$, $\dot{I}_c$ は各相の線電流，$\dot{V}_a$, $\dot{V}_b$, $\dot{V}_c$ は発電機端子の対地電圧とする．そこで，この不平衡回路を平衡対称の成分として，正相（反時計回りの成分），逆相（時計回りの成分），零相（各相の位相がゼロの同方向の成分）に分解すると以下のようになる．

$$\left.\begin{aligned}\text{零相電流}\quad &\dot{I}_0 = \frac{1}{3}(\dot{I}_a + \dot{I}_b + \dot{I}_c) \\ \text{正相電流}\quad &\dot{I}_1 = \frac{1}{3}(\dot{I}_a + a\dot{I}_b + a^2\dot{I}_c) \\ \text{逆相電流}\quad &\dot{I}_2 = \frac{1}{3}(\dot{I}_a + a^2\dot{I}_b + a\dot{I}_c)\end{aligned}\right\} \quad ①$$

$$\left.\begin{aligned}\text{零相電圧}\quad &\dot{V}_0 = \frac{1}{3}(\dot{V}_a + \dot{V}_b + \dot{V}_c) \\ \text{正相電圧}\quad &\dot{V}_1 = \frac{1}{3}(\dot{V}_a + a\dot{V}_b + a^2\dot{V}_c) \\ \text{逆相電圧}\quad &\dot{V}_2 = \frac{1}{3}(\dot{V}_a + a^2\dot{V}_b + a\dot{V}_c)\end{aligned}\right\} \quad ②$$

ここで，
$$a = \varepsilon^{j\frac{2}{3}\pi} = \varepsilon^{-j\frac{4}{3}\pi} = -\frac{1}{2} + j\frac{\sqrt{3}}{2}$$
$$a^2 = \varepsilon^{j\frac{4}{3}\pi} = \varepsilon^{-j\frac{2}{3}\pi} = -\frac{1}{2} - j\frac{\sqrt{3}}{2}$$
$$a^3 = 1$$
$$1 + a + a^2 = 0$$

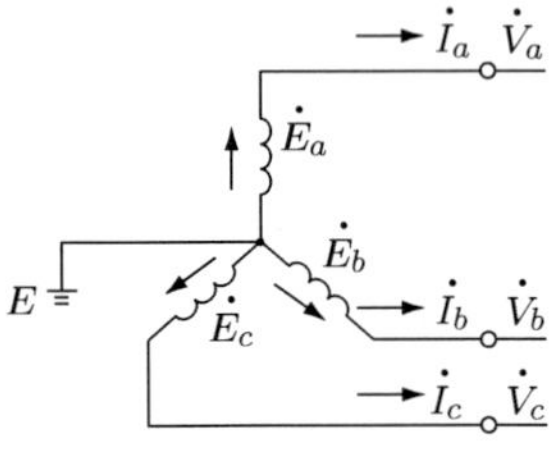

図 13.9　三相発電機の回路

これより
$$\dot{I}_a = (\dot{I}_0 + \dot{I}_1 + \dot{I}_2)$$
$$\dot{I}_b = (\dot{I}_0 + a^2\dot{I}_1 + a\dot{I}_2)$$
$$\dot{I}_c = (\dot{I}_0 + a\dot{I}_1 + a^2\dot{I}_2)$$

また
$$\dot{V}_a = (\dot{V}_0 + \dot{V}_1 + \dot{V}_2)$$
$$\dot{V}_b = (\dot{V}_0 + a^2\dot{V}_1 + a\dot{V}_2)$$

$$\dot{V}_c = (\dot{V}_0 + a\dot{V}_1 + a^2\dot{V}_2)$$

が求められる．上式は，①，②の $\dot{I}_1$, $\dot{V}_1$ の両辺に a^2，①，②の $\dot{I}_2$, $\dot{V}_2$ の両辺に a を乗ずることで $\dot{I}_b$, $\dot{V}_b$ を求めることができる．同様な方法で $\dot{I}_c$, $\dot{V}_c$ を求める．

ここで，零相，正相，逆相に相当するインピーダンス $\dot{Z}_0$, $\dot{Z}_1$, $\dot{Z}_2$ が $\dot{V}_0/\dot{I}_0$, $\dot{V}_1/\dot{I}_1$, $\dot{V}_2/\dot{I}_2$ であると考えると，発電機の各端子の対地電圧は

$$\left.\begin{array}{l}\dot{V}_a = \dot{E}_a - \dot{Z}_a\dot{I}_a \\ \dot{V}_b = \dot{E}_b - \dot{Z}_b\dot{I}_b \\ \dot{V}_c = \dot{E}_c - \dot{Z}_c\dot{I}_c\end{array}\right\}$$

が成り立つ．これを，それぞれ対称分で表すと

$$\left.\begin{array}{l}\dot{V}_0 = \dot{E}_0 - \dot{Z}_0\dot{I}_0 \\ \dot{V}_1 = \dot{E}_1 - \dot{Z}_1\dot{I}_1 \\ \dot{V}_2 = \dot{E}_2 - \dot{Z}_2\dot{I}_2\end{array}\right\}$$

となり，$\dot{E}_a$, $\dot{E}_b$, $\dot{E}_c$ の各相誘起電圧が平衡していると，$\dot{E}_0 = 0$, $\dot{E}_1 = \dot{E}_a$, $\dot{E}_2 = 0$ となるから

$$\dot{V}_0 = -\dot{Z}_0\dot{I}_0$$
$$\dot{V}_1 = \dot{E}_a - \dot{Z}_1\dot{I}_1$$
$$\dot{V}_2 = -\dot{Z}_2\dot{I}_2$$

となる．これを発電機の基本式という．

ここで三相短絡の場合を考えると，図13.10のようになる．その場合，$\dot{V}_a = \dot{V}_b = \dot{V}_c$, $\dot{I}_a = \dot{I}_b = \dot{I}_c = 0$（$a$, b, c 端子が同一となり，負荷がかかっていないため，電流値が0である．）

$$\therefore \quad \dot{I}_0 = \frac{1}{3}(\dot{I}_a + \dot{I}_b + \dot{I}_c) = 0$$

したがって，発電機の基本式 $\dot{V}_0 = -\dot{Z}_0\dot{I}_0 = 0$，同様に，$\dot{I}_1 + \dot{I}_2 = 0$ だから

$$\dot{V}_1 = \dot{E}_a - \dot{Z}_1\dot{I}_1 = 0, \qquad \dot{V}_2 = 0$$

すなわち，$\dot{I}_1 = \dot{E}_a/\dot{Z}_1$ となる．図13.11がその回路図で，これは図13.3と同じであり，三相短絡電流を求めるには，三相回路の一相分の単相回路で考えればよいことが

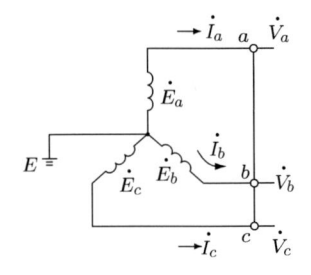

図 13.10　三相短絡時の電圧，電流 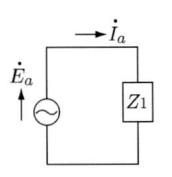　　図 13.11　三相短絡電流を求める回路

わかる．

13.6　1 線地絡電流の計算例

例題 13.4 では，1 線地絡事故が発生したときの地絡電流と端子電圧を，対称座標法により求める．

【例題 13.4】
図 13.12 の無負荷の発電機の a 相に地絡事故が発生した．地絡電流 $\dot{I}_a$ と b 相，c 相の端子電圧 $\dot{V}_b$，$\dot{V}_c$ を求めなさい．

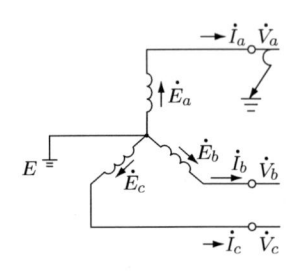

図 13.12　1 線地絡時の電圧・電流

■解説

13.6.1　1 線地絡電流と健全相の電圧を求める

発電機は無負荷の状態で a 相が地絡したため

$$\dot{I}_b = \dot{I}_c = 0, \qquad \dot{V}_a = 0$$

であるから，電流の対称分は

零相電流　$\dot{I}_0 = \dfrac{1}{3}(\dot{I}_a + \dot{I}_b + \dot{I}_c) = \dfrac{1}{3}\dot{I}_a$

正相電流　　$\dot{I}_1 = \dfrac{1}{3}(\dot{I}_a + a\dot{I}_b + a^2\dot{I}_c) = \dfrac{1}{3}\dot{I}_a$

逆相電流　　$\dot{I}_2 = \dfrac{1}{3}(\dot{I}_a + a^2\dot{I}_b + a\dot{I}_c) = \dfrac{1}{3}\dot{I}_a$

∴　　$\dot{I}_0 = \dot{I}_1 = \dot{I}_2 = \dfrac{1}{3}\dot{I}_a$ ①

また，a 相の電圧はゼロであるから

$$\dot{V}_a = \dot{V}_0 + \dot{V}_1 + \dot{V}_2 = 0 \qquad ②$$

これに発電機の基本式を入れると

$$\dot{V}_a = -\dot{Z}_0\dot{I}_0 + \dot{E}_a - \dot{Z}_1\dot{I}_1 - \dot{Z}_2\dot{I}_2$$

$$= -\dot{Z}_0\left(\dfrac{1}{3}\dot{I}_a\right) + \dot{E}_a - \dot{Z}_1\left(\dfrac{1}{3}\dot{I}_a\right) - \dot{Z}_2\left(\dfrac{1}{3}\dot{I}_a\right) = 0$$

∴　$\dot{V}_a = -\dfrac{1}{3}\dot{I}_a(\dot{Z}_0 + \dot{Z}_1 + \dot{Z}_2) + \dot{E}_a = 0$

∴　$\dot{I}_a = \dfrac{3\dot{E}_a}{\dot{Z}_0 + \dot{Z}_1 + \dot{Z}_2}$ ③

つぎに，b 相，c 相の電圧を求める．

式①および式③を発電機の基本式に入れ，$\dot{Z}_0 + \dot{Z}_1 + \dot{Z}_2 = \dot{Z}$ とすると

$$\dot{V}_0 = \dfrac{-\dot{Z}_0\dot{E}_a}{\dot{Z}},\quad \dot{V}_1 = \dfrac{(\dot{Z}_0 + \dot{Z}_2)\dot{E}_a}{\dot{Z}},\quad \dot{V}_2 = \dfrac{-\dot{Z}_2\dot{E}_a}{\dot{Z}}$$

ここで，$\dot{V}_b = \dot{V}_0 + a^2\dot{V}_1 + a\dot{V}_2$ であるから

$$\dot{V}_b = \dfrac{(a^2-1)\dot{Z}_0 + (a^2-a)\dot{Z}_2}{\dot{Z}} \cdot \dot{E}_a$$

$\dot{V}_c = \dot{V}_0 + a\dot{V}_1 + a^2\dot{V}_2$ であるから

$$\dot{V}_c = \dfrac{(a-1)\dot{Z}_0 + (a-a^2)\dot{Z}_2}{\dot{Z}} \cdot \dot{E}_a$$

となる．

索　引

あ　行

アッテネータ　125, 128
アナログ内線数　118
アルカリ蓄電池　4, 52, 53, 58
アンカーボルト許容組合せ応力図　153, 156
アンテナ利得　104
インサートスタット　116
インピーダンスマッチング　121
インピーダンスマップ　161
衛星放送　7
エレベータ設備　9
エレベータのサービス水準　147
音量調節器　127

か　行

回線数　118
快適照明　6
加減速特性　146
火災警報ベル　142
火災予防条例　131
ガスタービン　35
ガスタービン機関　3
ガソリンエンジン　35
片道急行　144
片道区間急行　144
過電流遮断器　27
監視盤　85
幹線計算書　67, 68
幹線系統図　4, 63, 75
幹線系統の種類　65
幹線サイズ　65
幹線設備　4
幹線の需要率　65
幹線の太さの選定　4

幹線の保護　66
幹線方式　2, 64
幹線名　68
幹線を保護する過電流遮断器　71
感知器の種別と設置場所　137
感知器の種別と取付高さ　138
感知区域　135
管路引入れ　73
機器収容箱　139, 140, 142
基準線間電圧　159
基準相電圧　159
基準値　20
基準電流　159
基準容量　159, 161
輝度分布　5
逆　相　166
逆相電圧　166
逆相電流　166, 169
キュービクル　27
キュービクルの保有距離　31
供給信頼度　13, 14
共同受信設備　6
業務放送設備　120
局線中継台方式　112
許容最低電圧　57
許容電流　71, 72
均等充電　61
空気圧縮機　50
空気管　139
空気槽　49
空調・換気動力負荷　17
区分開閉器　25
クラッド型　52
グレア　5, 98
グレア規制　99
警戒区域　131, 132, 137, 140

警戒区域境界線　139, 142
警戒区域番号　139, 142
蛍光ランプ　6
系統図　75
警報盤　85
警報ベル　139
契約電力　14
結合損失　105
ケーブル　4, 63
ケーブルの配列による許容電流低減率　71
ケーブルラック　76
煙感知器　134, 135, 138, 139
減衰量　6
原動機出力係数の算出　43
原動機出力の算出　37, 45
原動機出力補正係数　45
高圧　14
高圧カットアウト　27
高圧キャビネット　14, 26
高圧交流遮断器　27
高圧交流負荷開閉器　27
高輝度放電ランプ　6
合成インピーダンス　161
光束法　6, 87
交通計算　9, 143, 147
光電式スポット型感知器　142
光電式分離型　138
光電式分離型感知器　139
構内交換機　7
構内第1号柱　25, 26
故障計算　10
故障電流　10, 20
コーン形　123
混合器　6
コンデンサの開閉装置　28
コンバータ　6

170

さ　行

最大需要電力　15, 16
最大電力　14
最低蓄電池温度　57
差動式スポット型　138
差動式スポット型感知器
　　139, 142
差動式分布型　138
差動式分布型感知器の検出部
　　139
三相回路の線間短絡　158
三相回路の短絡　157, 158
三相短絡　10, 157
三相短絡事故　162
三相短絡電流　157, 162
三相短絡容量　159
三相不平衡回路　166
三相変圧器　12
三相誘導電動機1台の場合の分
　　岐回路　78
自家発電設備　3, 34
指向性　122
地震地域係数　152
自動火災報知設備　8, 131
自動火災報知設備の設置基準
　　133
自動火災報知設備用図記号
　　139
自動式サイレン　125
始動装置　78
終端器　142
終端抵抗　136
終端抵抗器　139
充　電　61
充電方式　61
受信機　132, 139
受信用アンテナ　6
出力インピーダンス　123
受電電圧　14
受電点短絡容量　161
受電方式　2, 14
受変電室の高さ　32
受変電設備　12
需要率　15, 16, 69
焼結式　54
乗降時間　146
照　度　5

照度基準　88
照度計算　6
消防庁告示　3
消防法施行規則　131
消防法施行令　131
照明器具のグレア分類　98
照明計画　87
照明・コンセント設備　5
照明率　90, 92
初期消火活動　125
水銀ランプ　6
水平面照度　98
スピーカ　123
スポットネットワーク受電方式
　　2
正　相　166
正相電圧　166
正相電流　166, 169
責任分界点　25
絶縁電線　4, 63
設計用鉛直地震力　153, 154
設計用鉛直震度　152, 154
設計用地震力　152
設計用震度　152
設計用水平地震力　153, 154
設計用水平震度　152, 154
設計用標準震度　152, 154
設備不平衡率　16
セルラダクト　110, 117
零　相　166
零相電圧　166
零相電流　166, 168
線間短絡　10, 157
全自動充電　61
選択遮断　27
せん断力　156
全予想停止数　148
線路インピーダンス　161
走行時間　148
挿入損失　105
増幅器　6, 103, 121
損失時間　149

た　行

第一種通信事業者　7, 112
耐火構造　132
対称座標法　10, 166

対称三相短絡電流　160
対称短絡電流　22
耐震設計　151
ダイヤルイン　112
ダイヤルイン方式　111
ダイレクトインダイヤル　112
ダイレクトインダイヤル方式
　　111
ダイレクトインライン　112
ダイレクトライン方式　111
建物の主要構造部　132
単一指向性　122
単線結線図　12, 30
単線結線図の作成　25
単相回路の短絡　157
単相短絡電流　157, 164
単相変圧器　12
短　絡　2, 10
短絡電流　20
地域係数　154
地下水槽循環式冷却方式　47
蓄電池設備　52
蓄電池の種類と特性　53
蓄電池容量　58
蓄電池容量の算出　4
逐点法　6, 87, 97
中継台方式　110
直接埋設布設　73
直列ユニット　6, 103, 105
直列ユニット端末　105
地　絡　10
地絡事故　2
地絡遮断装置　26
定温式スポット型感知器
　　139, 142
定格容量　16
ディーゼルエンジン　35
ディーゼル機関　3
デジタル内線数　118
テレビ共同受信設備　6, 103
テレビ端子　105
電圧降下　69, 70
電圧降下簡易計算式　70
電圧降下の計算　69
電圧降下の制限　69
電気機械器具の分岐回路　81
電気設備の耐震対策　9

索　引　171

電磁開閉器　5
電子交換機　7
電線のパーセントインピーダンス　163
電動機用配線用遮断器　5
電動機用ヒューズ　5
電動空気圧縮機　50
電灯バンク　16
電灯変圧器　15
電動ポンプ　50
電波障害対策用共同受信設備　103
電流低減率　71
電力　14
電話設備　7
動作協調　27
動作時限　27
動力制御盤　77
動力制御盤表　84, 85
動力設備　5, 77
動力配線図　85
動力変圧器　16
戸開閉時間　146, 149
特殊かご形の電動機　80
特定防火対象物　8, 133
特別高圧　14
トリクル充電　61

な行

ナトリウムランプ　6
鉛蓄電池　4, 52, 53, 58
難聴視地域共同受信設備　103
熱煙複合式スポット型感知器　134, 137
熱式感知器　135
熱電対　139
燃料タンク　46, 49, 50
燃料配管　47

は行

ハイインピーダンス　122, 123
ハイテンション　116
白熱電球　6
バスダクト　63
バスダクト工事　4

パーセントインピーダンス　21
パーセントインピーダンス法　157, 160, 162
発電機出力の算出　37
発電機の基本式　167, 169
発電機盤　50
反射率　89
光アクセス装置　112, 113
引抜き力　155
非常警報設備　8, 125
非常警報設備設置基準　126
非常電源　3, 34
非常ベル　125
非常放送設備　120, 125, 127
非常放送設備委員会　127
非対称係数　160, 161
非対称短絡電流　160, 161
表示灯　139, 142
ビル用共同受信設備　103
負荷密度　14
副受信機　139
浮動充電　61
不等率　15, 16
フリーアクセス　110
フリーアクセスフロア　7
フロアダクト　110, 116, 117
分岐器　6, 103, 105
分散中継台方式　112
分散方式　110
分配器　6, 103, 105
分配損失　105
平均運転間隔　9, 143, 144
平均演色評価数　99
平均照度法　91
ペースト式　52
ヘッダーダクト　117
室指数　89, 91
変圧器一次側の開閉装置　27
変圧器のインピーダンス　165
変圧器のパーセントインピーダンス　21
変圧器容量　24
防火区画貫通処理　75
防火対象物　8
防災センター　132
防水型　100

放送設備　8, 120, 125
防爆型　100
補機類　50
ポケット式　54
保護協調方式　2
保護装置　12
保守率　89, 91, 92
補償式スポット型　138
炎感知器　134, 137
ホーン形　123

ま行

マイクロホン　122
無効電力　18
無指向性　122
無窓階　137
メタルハライドランプ　6
モジュラージャック　116

や行

床配管　110
油入自冷式変圧器のパーセントインピーダンス　163
容量換算時間 K　57
予想停止数　144, 145
予備電源　3, 34
余裕率　15

ら行

ラジエータ冷却方式　47
ランプの光束　89
力率改善用進相コンデンサ　18
両指向性　122
冷却水槽　49, 50
ローインピーダンス　122, 123
ローカル運転１平均走行距離　148
ローテンション　116

英数先頭

1回線受電方式　2
1周時間　144
1周時間 RTT　149
1線地絡事故　168

1 線地絡電流　　168	DIL　　110	Public Address　　120
2 回線受電方式　　2	EPS　　76, 118	P 型 1 級受信機　　141, 142
3 線式配線　　125, 127	EPS 内詳細図　　76	P 型 1 級発信機　　142
5 分間輸送人員　　149	FM 伝送方式　　7	P 型発信機　　139
5 分間輸送能力　　9, 143, 144	G 分類　　6, 98	RG の算出　　39
AM 伝送方式　　7	HID ランプ　　6	SC　　2
BA　　1	HS 型　　52	SR　　2
BS　　104	kW 係数　　18, 19	S 級　　127
BS チューナ　　7	L 級　　127	UHF　　104
CATV 設備　　103	M 級　　127	VHF　　104
CS 型　　52	OA　　1	V 分類　　6, 99
DID　　110	OA フロア　　7, 110, 116	

索　引 ——— 173

著者略歴

加藤　義正（かとう・よしまさ）
　（元）日本大学理工学部非常勤講師
　　　　千葉工業大学工学部非常勤講師

計画・設計のポイントがわかる　実践電気設備	© 加藤義正　*2007*
2007 年 2 月 10 日　第 1 版第 1 刷発行	【本書の無断転載を禁ず】
2025 年 3 月 10 日　第 1 版第 5 刷発行	

著　　　者　加藤義正
発　行　者　森北博巳
発　行　所　森北出版株式会社
　　　　　　東京都千代田区富士見 1-4-11（〒102-0071）
　　　　　　電話 03-3265-8341／FAX 03-3264-8709
　　　　　　https://www.morikita.co.jp/
　　　　　　日本書籍出版協会・自然科学書協会　会員
　　　　　　JCOPY ＜(一社)出版者著作権管理機構　委託出版物＞

落丁・乱丁本はお取替えいたします　　　　印刷・製本／ワコー

Printed in Japan／ISBN978-4-627-58101-2